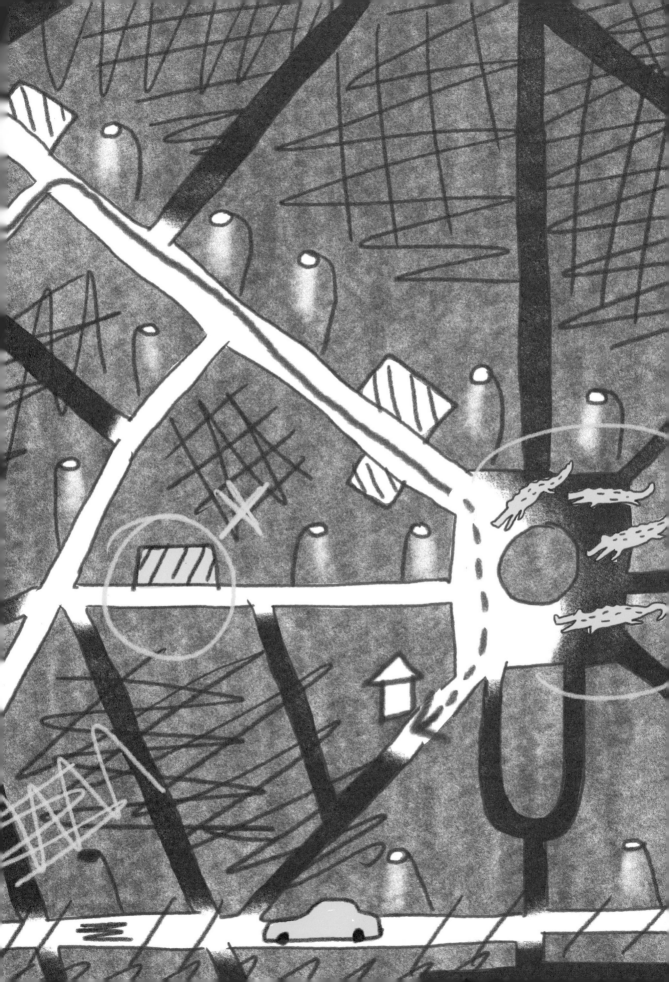

악어 프로젝트

LES CROCODILES

악어 프로젝트

남자들만 모르는 성폭력과 새로운 페미니즘

글·그림 토마 마티외 | 옮김 맹슬기

푸른
지식

머리말

『**악**』어 프로젝트(*Les Crocodiles*)』는 인터넷에 연재 중인 만화를 책으로 출판한 것입니다. 저는 친구와 네티즌들에게 일상적으로 벌어지는 성차별과 성폭력에 관한 경험담을 들려달라고 부탁했습니다. 그 경험담을 그림으로 담은 것이 『악어 프로젝트』입니다.

저는 여성의 경험담만을 그렸습니다. 그림으로 옮기고 싶었던 것은 바로 여성의 관점에서 본 현실이었기 때문입니다. 저는 한 남성으로서 길거리 성폭력*을 경험해본 적이 없습니다(어떤 무리의 옆을 지나갈 때 휘파람 소리를 들은 적이 없으며, 차에 탄 모르는 사람이 날 얼마에 살 수 있느냐고 물은 적이 없고, 옷을 어떻게 입든 처음 보는 사람이 저의 겉모습에 대해 말한 적이 없습니다). 그래서 공공장소에서 공공연히 벌어지는 성폭력의 존재 자체를 잘 몰랐습니다.

소피 페이터르스(Sofie Peeters)의 단편영화 《거리의 여자(*Femme de la rue*)》는 제가 사는 도시 브뤼셀이 배경입니다. 이 영화를 보고 나서 친구들에게 영화 속 사건과 같은 경험을 한 적이 있는지 물었습니다. 대답은 충격적이었습니다. 친구들은 영화와 비슷한 수많은 경험을 했을 뿐만 아니라, 심지어 제가 평소에 다니는 거리에서도 그런 일을 겪었다는 것입니다! 그 후 저는 공공장소에서의 성폭력에 관한 증언을 수집해서, 그것을 그림으로 옮기기 시작했습니다.

이 프로젝트를 통해 저는 스스로 많은 질문을 던져볼 수 있었습니다. 여러분도 이 책을 읽으면서 저와 같은 기회를 얻게 될 수 있을 것입니다. 몇 가지 예상되는 질문에 답하고자 후기에 네 명의 전문가의 글을 실었습니다.

왜 모든 남성을 악어로 그렸는가

물론 모든 남성이 성범죄자라는 의미가 아닙니다. 저는 악어라는 이미지를 통해 남성 우월주의, 성차별주의, 성적 고정관념, 남성의 성적 욕망, 그리고 실제로 아무 일도 벌어지지 않았는데도 거리에서 마주친 남성에게 느끼는 두려움과 같은 것들을 드러내고 싶었습니다. 남성을 악어로 그렸지만 사실 그것은 사회문제를 보여주는 것이지, 남성 개인의 문제에 관한 것이 아닙니다. 여러분에게 제안합니다. 이 책을 읽을 때 여성의 입장에 서서 이야기를 따라가 보세요. 악어의 처지가 아니고요. 이에 관한 로랑 플륌(Lauren Plume)의 글이 있습니다(156쪽).

* '길거리 성폭력(harcèlement de rue)'은 영어로 'street harassment'이며 유럽과 북미에서 사용하는, 공공장소에서 여성에게 일어나는 성폭력을 지칭하는 표현이다.

길거리 성폭력의 원인과 결과는 무엇인가

이렌 자이링거(Irene Zeilinger)는 20여 년 전부터 여성 폭력의 근절을 위해 싸워온 사회학자입니다. 그녀는 성폭력은 새로운 현상이 아니며, 또한 어찌할 수 없는 인간 본성의 한 부분이 아니라는 것을 통계자료와 자신의 경험을 근거로 이야기합니다(162쪽).

저는 인터넷을 통해서 『악어 프로젝트』를 착수하고 실현할 수 있었습니다. 또한, 인터넷은 페미니스트의 주요 활동 공간입니다. 이 공간에서 페미니스트는 성차별주의를 분석하고, 담론을 형성하는 동시에 전파하며, 활동을 조직합니다. 한편 모든 공공장소가 그러하듯이 인터넷은 대립의 공간이기도 합니다. 안-샤를로트 위송(Anne-Charlotte Husson)은 페미니스트 운동이 인터넷을 점유해야 한다고 주장합니다(166쪽).

어떻게 성폭력에 대응할 것인가

공공장소에서의 성폭력에 집단적으로 대응할 수 있습니다. '길거리 성폭력 중지(Stop street harassment)' 단체가 이를 잘 보여줍니다(168쪽). 성폭력은 불가피하지 않다는 것과 이에 맞서 싸울 방법들을 알려줍니다.

이 책에 담긴 많은 경험담은 우리를 불편하게 합니다. 그중 몇몇 경험담은 상대적으로 편안하게 느껴지기도 하지요. 성차별이나 성폭력과 거의 무관하게 여겨지는 것들도 있습니다. 어떤 경험담은 피해자의 용감한 대응이나 타인의 도움 등을 보여줍니다. 이는 우리에게 영감과 희망을 줍니다. 그런데도 이 책이 담고 있는 주제는 절대로 유쾌할 수 없습니다. 현실은 불쾌하기 짝이 없기 때문이죠. 페이지를 넘기면서 만약 여러분이 성폭력에 대응하고 싶어진다면, 여기 그 방법이 준비되어 있습니다(133쪽).

여러분이 이 책을 통해서 성폭력에 관해 새롭게 인식하고, 질문을 던져볼 기회를 얻게 되길 바랍니다. 이 책이 여러분에게 유용하게 쓰일 하나의 도구가 될 수 있다면 저의 목적은 이루어진 것입니다.

토마 마티외

특별히 감사드리는 분들 :

'길거리 성폭력 중단(Stop harcèlement de rue)' 단체,
이렌 자이링거, 홀라백(Hollaback), 안-샤를로트 위송,
로랑 플림

감사드리는 분들 :

소피 페이터르스, 미리옹 말르, 나탈리 반 캉펜우트,
레베카 폴로비치, 델핀 드라브르, 베로니크 리브,
엘로스테르브, 마리-겔, 오렐리 L., 클로에 볼메르-로,
블랑딘 르보, 클레르 게랭, 미아 망디노, 루시 O.,
카미유 당탱, 마틸드 L., 로라 A., 뤼스, 루시 메르시에,
알리스 페랭, 팡드뤼프, 클레망틴 에스켄브레네르,
마틸드 앙드레, 리나 알메라, 비비안 창,
발레리 드 핀메디아, 가랑스 로보토미, B. 마르세,
샤를로트 S., 메릴 프티세뇌르, 이네스 뒤포레스텔, I,
아르모니, 모드, 조아나 르나르, 클레르비아 좌엔,
로라, 아비 엠바이에, 클레망스 에루,
가엘 베르나르, 아눅 카프, 잔 폭스, 로린 르생,
모르핀, 알리스 고다르, 마투 I, 타르마스,
바르바라 타투이유

일러두기

1. 옮긴이의 각주는 *로, 원서의 각주는 숫자로 표기했다.
2. 본문의 녹색 점은 각 에피소드가 끝나는 지점이다.
3. 이 책에 등장하는 '성폭력'은 성을 매개로 상대방의 의사에 반해 이뤄지는 모든 가해행위를 통칭하는 말로,
   성희롱이나 성추행, 성폭행 등을 모두 포괄한다. 경우에 따라서는 '성희롱', '성추행'이라는 용어를 적절히 섞었다.
   성희롱은 상대편의 의사에 관계없이 성적으로 수치심을 주는 말이나 행동을 뜻하며,
   성추행은 물리적인 신체 접촉을 가해 상대방에게 성적 수치심을 불러일으키는 행위를 뜻한다.
   성폭행은 강간과 강간미수를 의미한다.

*Konstantin Stanislavskii, 1863~1938, 러시아의 연출가이자 배우.

주제:
매 순간을 사는 삶과 제약 없는 즐거움

오! 오늘은 평소보다 더 매혹적이군요.

자, 여기 앉으세요.

68혁명이……
극단적 자유주의가…….

네, 하지만 이것도 알아둬야죠!
우리는 모두 쾌락에 이를 수 있답니다.
어떤 제약도 없이요.
아무도 방해할 수 없지요…….

… 예를 들어 나의 쾌락을 위해서라면
젊고 아름다운 시험 준비반 여학생들을 유괴해서
성에 가둔 후 성 노리개로 삼을 수도
있다는 거죠.

……타인의 자유는……
마르크스가 말하길…….

27

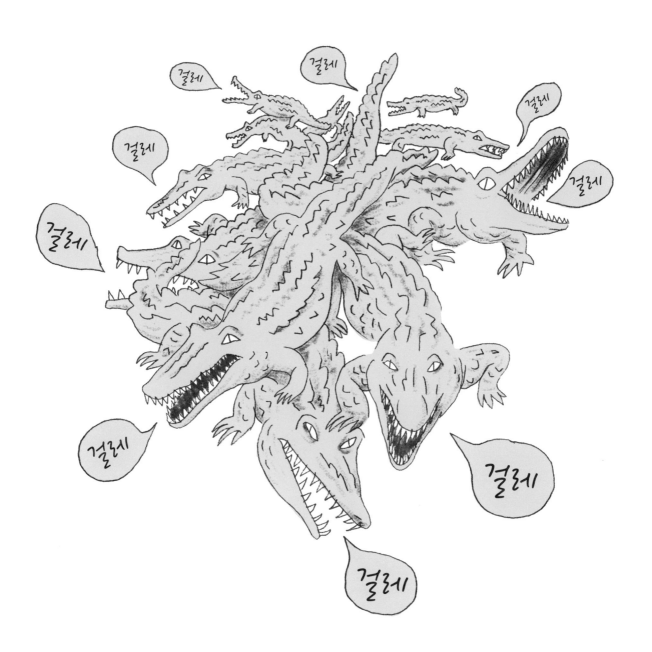

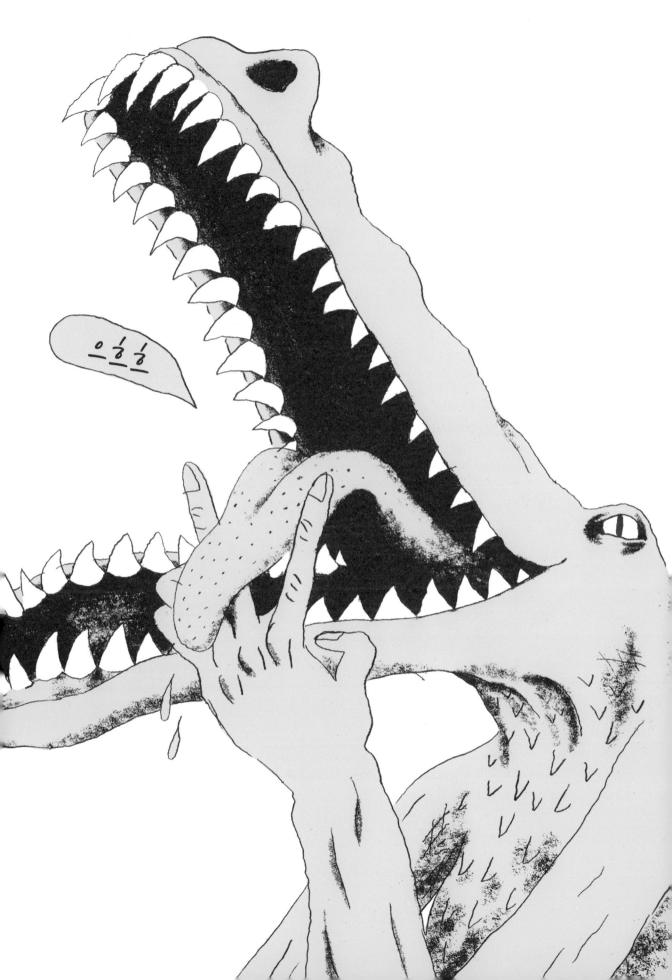

35

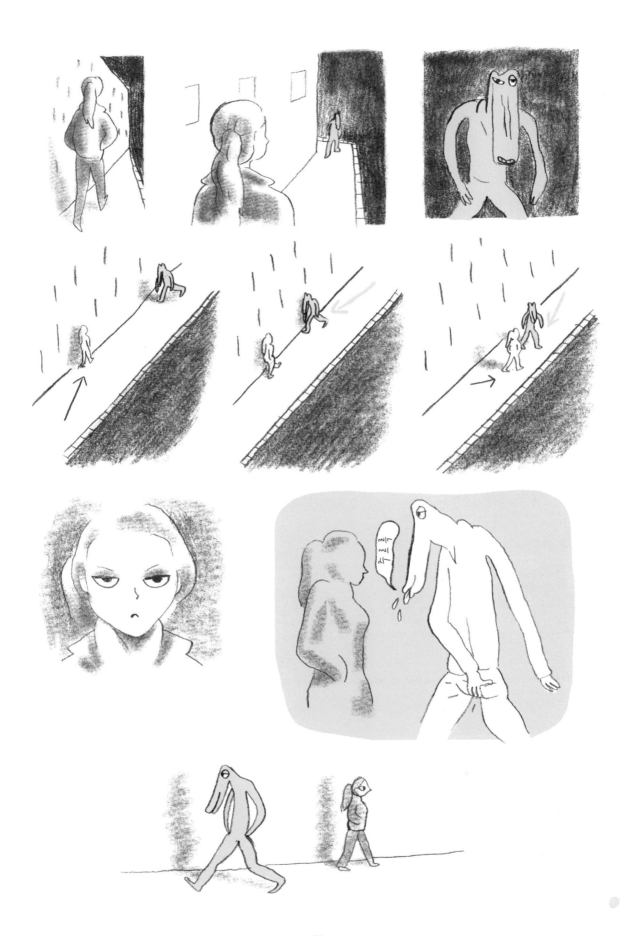

42

46

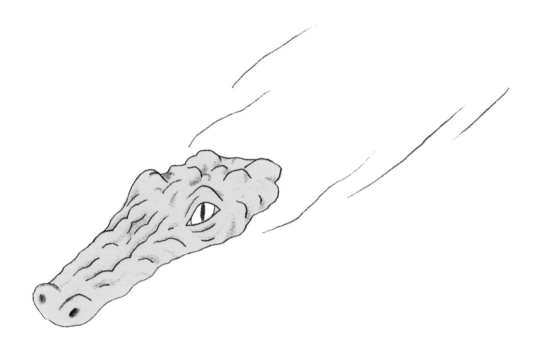

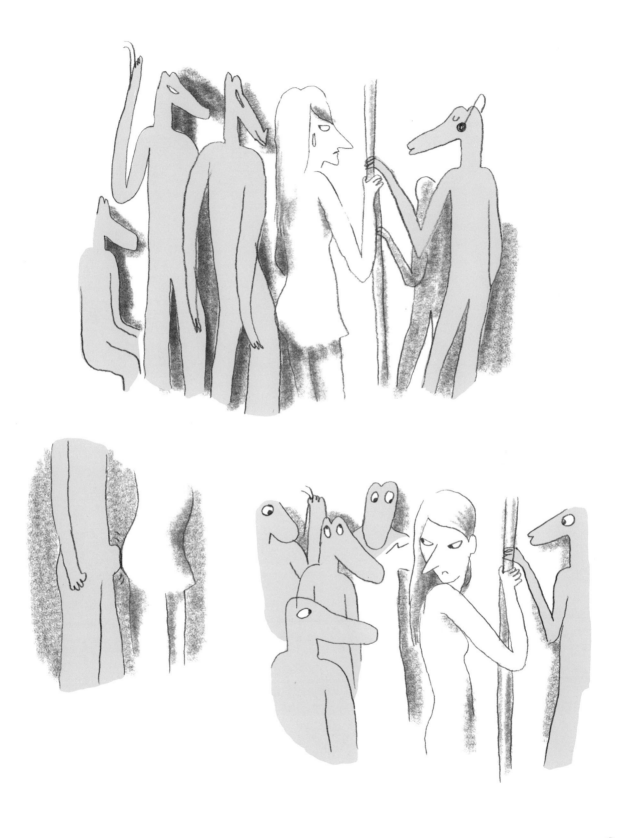

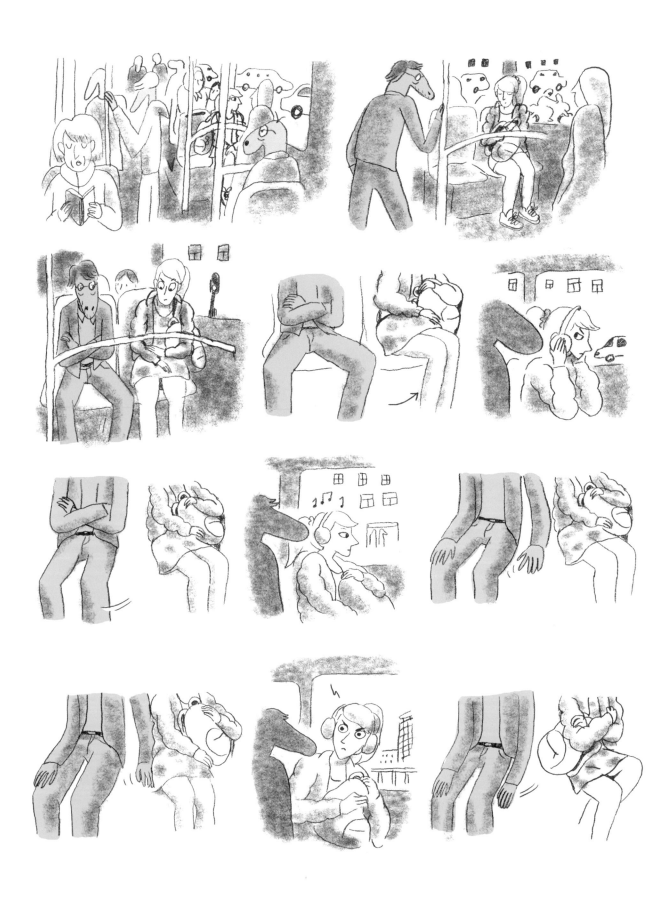

53

79

85

정신 나갔어?
지금 무슨 짓을 하는지
알고는 있는 거야?

젠장! 너넌 쓰레기야!

이봐, 그건 그냥 장난이었어,
너도 알잖아. 그냥 취해서 노는 거…….

아니, 성추행이었어.

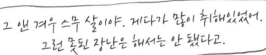

그 앤 겨우 스무 살이야. 게다가 많이 취해있었어.
그런 못된 장난은 해서는 안 됐다고.

고 마 워

*감마 하이드록시부티르산(Gamma-Hydroxybutyric acid, GHB)은 마약의 일종으로 성범죄용으로 쓰이기도 한다.

127

댓글이나 텀블러의 메일에서 이런 문장을 자주 봅니다.

저는 그것에서 공포를 느낍니다.

네, 성폭력 경험담은 우리에게 공포를 느끼게 합니다.

저는 이런 경험담을 읽을 때 불편함을 느낍니다.

두려움으로 (또한 불편함, 창피함 그리고 놀라움으로) 몸이 굳음

역시 두려움

당신을 더 벌벌 떨게 해서 집에서 나오지도 못하고 조용히 있도록 하려는 게 아닙니다.

문제를 회피하는 것은 그 어떤 문제도 해결해주지 않습니다.

더 자세히 알고, 더 잘 준비한다면 일이 닥쳤을 때 침착하게 대처할 용기를 낼 수 있지 않을까요?

실어

그래서 준비했습니다.

전 략

첫 번째 부분은 '홀라백*' 사이트의 '어떻게 대응해야 할까' 페이지에 기초합니다.

대응에 관해서는 또한 '길거리 성폭력 증지(stopstreetharassment.org)' 사이트에서도 많은 정보를 찾아볼 수 있습니다.

그리고 이런 자이링거의 저서 『아니라면 정말 아니다(Non, c'est non)』도 참고했습니다.

책은 인터넷상에서도 볼 수 있으며 유용한 정보와 실행 방법이 가득합니다.

다음 쪽부터는 성폭력에 대응하기 위한 전략을 소개할 거예요. 그중에는 여러분이 이미 아는 전략도 있을 겁니다. 그리고 사실 모욕을 피할 마법 같은 묘안은 없습니다. 또한, 이 전략은 그대로 실행할 것이 아니라 상황과 개인의 특성에 맞춰서 변형해야 합니다.

* '홀라백(Hollaback)'은 성폭력 근절을 위한 전 세계 지역 활동가들의 네트워크 운동이다. (http://www.ihollaback.org/)
  2013년 8월 홀라백 코리아가 설립됐다.(http://korea.ihollaback.org/ko/)

가해자에게 자신의 행동이
성폭력임을 빨리 인지시키세요.

명확하고
큰
목소리로요.

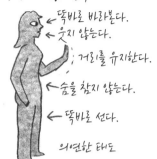

신체 언어
당황하지 않고 침착하게
← 똑바로 바라본다.
← 웃지 않는다.
: 거리를 유지한다.
← 숨을 참지 않는다.
← 똑바로 선다.
의연한 태도

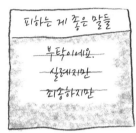

선을 확실히 긋는다.

피하는 게 좋은 말들
부탁이에요.
실례지만
죄송하지만

말을 놓는 것보다
높이는 것이
좋습니다.
말 놓임
= 거리 두기

뭐라고 말해야 할까요?

가해자가 한 행동을 분명하게 묘사합니다.

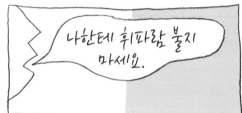

나한테 휘파람 불지
마세요.

나쁜 행동임을 분명하게 말합니다.

이건 성폭력입니다.

문제를 지적하세요.

당신 손이 지금 내 허벅지를
만지고 있어요.

그 결과를 말하세요.

정말 불쾌하네요.

해결책을 말하세요.

그러니까 손 치우세요.

원하는 것을 정확하게 말합니다.

만지지
마세요.

나한테서
떨어지세요.

따라오지
마세요.

일반적인 상식을 동원하세요.

모두 공책 (혹은 다이어리)에 적어놓으세요.

(속담같이 지금 상황과 전혀 상관없는 것으로) 뜬금없는 말을 던지세요.

당황한 가해자는 뜻을 이해하려고 애쓰죠. 만약 그가 찾아내면 이렇게 말하세요. "틀렸어요. 그보다 더 간단해요."

사람이 아니라, 그 사람의 행동을 공격하세요.

네, 이런 말은 가해자를 더욱 흥분시킵니다.

말싸움에서 이기려고 애쓰지 마세요.

대응합니다.

자리를 떠납니다.

이것이 이기는 길입니다!

폭언과 위협을 할 때

경찰에 신고하세요.

경찰에 신고하는 것처럼 보이세요.

가해자를 사진·동영상으로 찍으세요.

경비나 안전 요원을 부르세요.

목격자를 정확하게 가리키면서 도움을 요청하세요.

저기요.

네, 목도리 두르신 분이요.

이 남자가 절 괴롭혀요. 좀 도와주세요.

부끄러워할 사람은 피해자가 아닙니다.

바로 가해자입니다.

가해자가 어떤 회사에 소속되어 있다면

회사 이름을 적으면서,

회사에 알리겠다고 겁을 주세요.

필요할 땐 실제로 회사에 알리세요.

날짜
상황 설명
장소
증거 사진?

너무나 많은 성폭력이 은폐되거나 처벌되지 않고 넘어갑니다.

만약 가해자가 차 안에 있다면,

차량 번호판을 사진 찍으세요.

혹은 찍는 척하세요.

찰칵

차 번호를 적으세요.

성기를 노출할 때

사진을 찍으세요.

(얼굴도 같이요!)

경찰을 부르세요.

요금이 남지 않았다고요?
경찰 호출은 무료입니다.*

벨기에 : 101
프랑스 : 17

한국 : 1366

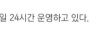

휴대전화에 저장해놓으셨나요?

*우리나라의 경우, 여성가족부에서 가정폭력 · 성매매 · 성폭력 피해 여성을 위해 '여성긴급전화'를 365일 24시간 운영하고 있다.
여성긴급전화: 1366 (국번없는 특수전화)

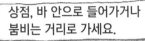

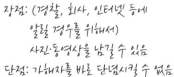

무시하기?

저속한 말, 휘파람, 제안에
응답할 의무는 없습니다.

때로는 관심 없다는 태도를
보여주는 것만으로 충분하죠.

너무 자기 안에서 머무르지는
마세요. 무시하고 넘어가는 것도
하나의 선택이어야겠죠.

제한선을 스스로 정해놓는 건
어떨까요?

이 선을 넘어서면
대응할 거야.

너무 많은 생각을 하면 수동적인
대응에만 머물게 될 수도 있답니다.

별일 아니야.

일부러 그런 게
아닐걸.

기분이 좀 안 좋아서
저러는 거야.

머릿속에 안 좋은 시나리오를
쓰는 것도 마찬가지죠.

사람들이 다 나를
비웃을 거야.

나를 강간할지도
몰라. 그리고 아무도
내 말을 안 믿겠지.

생각할 시간이 있다면 차라리 그동안 효과적인
대응책을 짜고 주위 환경을 잘 살펴보는 게 좋아요.

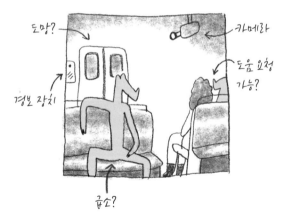

도망?

카메라

도움 요청
가능?

경보 장치

급소?

완벽하고 멋진 문장으로
말할 필요는 없어요.
그냥 있는 그대로 얘기하세요.

그만하시죠.
불편하네요.
이건 성폭력이에요.

그래도 충분하지 않다면,

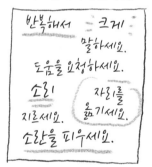

반복해서   크게
          말하세요.
도움을 요청하세요.
소리   자리를
지르세요.   옮기세요.
소란을 피우세요.

 사소한 성폭력에 적극적으로 대응했던 경험이 더 큰 위험이 닥쳤을 때
잘 극복할 수 있는 거름이 될 수 있지요.

변명·거짓말 (고전적인 대응 방식이지만 추천할 만하지 않습니다. 실제 상황에서는 큰 효과가 없거든요.)

잘 통하지 않을 때   기본 대응책으로 돌아갑니다.

간단한 거절로는 충분하지
않을 때가 많아요.

보통 사람들은 사랑, 섹스에
빠졌을 때 집요하게 매달리거든요.

이때 거절하려면 똑같이
집요하게 굴어야 합니다.

가해자와 말싸움을 하지 않습니다.

가장 중요한 것은 먼저 성폭력을 중단시키는 거예요.

상대방을 설득하려고 한다면…

가해자는 당연히 자신의 결백을 증명하려고 할 것입니다.

얼마 안 가서 대화는 결론 없는 말싸움이 됩니다.

그럼 다시 원점으로 돌아갈 수도 있어요.

제 생각에는 단호한 거절이 최고의 방법인 것 같습니다.

잘 안 통할 때는 같은 말을 계속 반복하는 것이 효과적이에요.

폭언 · 도발 (예방이 어려운 일들)

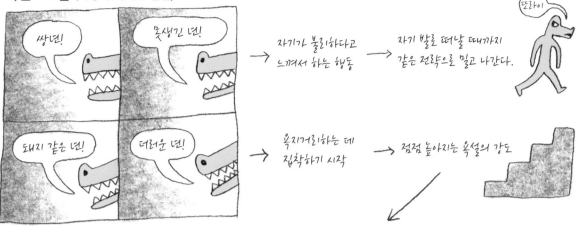

이때는 피해자로서 **정당**하고 **합법적**인 분노를 아주 강하게 표출합니다.

물론 아주 명백히, 가해자가 하는 모든 모욕은 당신과 아무 상관이 없습니다.

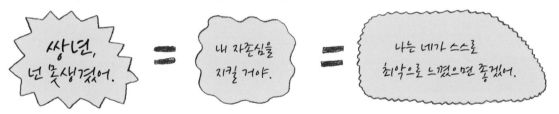

물론 가해자가 한 말을 모두 잊는 건 어려운 일입니다.

141

자리 뜨기?

자리를 옮기거나 차량을 바꿔 타는 것만으로 성폭력을 피할 수 있다면 다행입니다.

그래도 자리를 비키기 전에 분명하게 생각을 밝히는 것이 좋아요.

그리고,

이 남자 옆에 앉지 마세요. 날 몰래 만지려고 했거든요.

가해자를 쫓아낼 수 있다면 더 좋습니다!

바

저녁 파티

빨리 꺼지쇼.

상점

자리를 피하는 게 쉽지 않은 상황이라면요?

위급한 상황에 대비한 전략을 마련하고 나서 움직여야 해요.

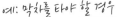

예: 막차를 타야 할 경우

출구

경찰에 바로 신고할 준비가 됐는지 확인.

친구에게 전화한다. 그리고 끊지 않는다.

지하철이 도착할 때까지 최대한 피하거나 무시한다.

!!!

말을 함으로써 중단시킨다.

상황을 덜 적대적으로 만든다. 그리고 협상한다.

어떤 전략도 통하지 않고 상황이 악화할 때는…

몇 가지 비상 대책이 있습니다.

진정하자고요.

여기서 잘한 사람도 잘못한 사람도 없어요.

난 여기 있을 테니까 당신들은 거기 있기로 해요, 알겠죠?

화를 분출하게 내버려두세요. 조금 있으면 차분해질 것입니다.

내가 왜 참아야 하지? 경찰 부르고 싶으면 불러!

상관없어.

좋아요. 그런데 왜 상관이 없죠?

왜냐하면, 내 인생이 엉망진창이니까! 모든 사람이 나를 못살게 구니까!

주제 바꾸기

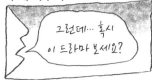

그런데… 혹시 이 드라마 보세요?

(하지만 이 전략은 교활한 사람에게는 통하지 않습니다.)

142

최악의 경우, 도망칩니다.

장소를 정해놓고 움직여야 합니다. (혼자 있거나 음산한 곳으로 가지 마세요.)

어디로 가야 할까요?

 친구네

 상점, 바

 사람이 많은 거리

 호텔 리셉션

 택시?

 경찰서?

만약 가해자가 도망가지 못하게 막는다면, 게다가 폭력을 행사하려고 한다면 :

(정당방위는 합법이에요.)

방어 태세

손을 펴서 얼굴을 방어

엄지손가락을 아래로

온몸의 무게를 실어서

무릎을 약간 구부린다.

뒤쪽 다리 (혹은 두 다리 모두)에 힘을 준다.

눈이나 눈언저리 가격

팔꿈치로 내려찍기

혹은

목 가격

혹은

혹은

고환 가격

그리고 도망친다.

에이쿠

힘이 세지 않아도, 그 상황에서는 순간적으로 괴력을 낼 수 있답니다. 이때 공격하면 가해자의 균형을 무너뜨릴 수 있습니다.

벽이나 바닥에 몰린 상황이라면 약한 부위를 집중적으로 공격하세요.

 목

 무릎

 코

머리카락

눈

성기

일상적으로 이런 두려운 상황을 겪어야 한다면,

자기방어를 배워두는 것이 (육체적으로나 정신적으로나) 큰 도움이 됩니다.

이런 자이링거의 저서에 독일의 강간 위협에 관한 통계가 나와 있습니다.

그에 의하면 육체적 방어는 위협의 90퍼센트를 막을 수 있었습니다. 오직 0.3퍼센트만이 상황을 악화했습니다.

(또 다른 통계: 강간의 3.7퍼센트만이 거리에서, 그리고 1.5퍼센트가 대중교통수단 안에서 벌어졌습니다.)

사건 이후

자책하지 마세요.

왜 그렇게 안 했을까?

자신을 방어하는 것은 물론 중요합니다. 하지만 방어를 제대로 못 했다고 해도, 모든 잘못은 가해자에게 있습니다.

친구들이나 가족에게 이야기하는 것 역시 이에 맞서는 방법입니다.

(혹은 페이스북이나 홀라백 혹은 블로그, 텀블러 등등에)

위로를 받으세요.

효과적인 전략 그리고 효과적이지 않은 전략을 모두 다른 이들과 공유하세요.

성폭력을 사람들이 제대로 인식할 수 있도록 알려주세요.

!!!

???

(저도 여동생과 친구들이 말해주기 전까지 성폭력을 제대로 몰랐답니다)

조언

물론 말은 행동보다 훨씬 쉬운 법입니다!

조언

충고하는 거야??

이런 식으로 희생자를 자책하게 해서는 안 됩니다.

그럴 때 … 할 수도 있었잖아.

그럴 때 … 했었어야지.

중요한 것은 정신적 충격에 빠지지 않도록 전략을 마련하는 것입니다.

전략 1

전략 2

전략 3

성폭력에 맞서 싸울 또 다른 방법은
시위나 관련 단체 활동에 참여하거나
(거리 예술을 하는 '우리는 걷는다, 그리고 쓴다(WECHALKWALK)'*와 같이)
예술적 매개를 통해서 표현하는 것입니다.

이에 관해서는 홀라백 사이트에서 자세히 살펴볼 수 있습니다.

나는 성폭력을 당했다, 바로 여기서. 성폭력은 이제 그만.

* '우리는 걷는다, 그리고 쓴다(We Chalk Walk)'는 성폭력에 노출된 도시의 거리 위에 분필로 메시지를 남긴 사진을
  올리는 텀블러다. (wechalkwalk-blog.tumblr.com)

목격자의 대응 방법
(아래의 영화를 재현한 컷을 제외하고 이 파트에서는 목격자 남녀 모두 다 "인간"으로 그렸습니다.)

그래요, 이건 멍청한 영화 속에서만 일어나는 장면입니다.

그동안 받은 경험담들:

또 다른 경험담:

이 두 경험담에서

많은 목격자

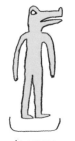

한 명 또는
두 명의 가해자

희생자

첫 번째 경험담에서

먼저 저 상황에서 육체적
위험은 괜한 걱정입니다.

목격한 것이 진짜
성추행인지 모르겠다고요?

저렇게 만지는 것은
성추행이 맞습니다.

이런 혼란 때문에
성폭력에 관한 많은
정보 교류가 필요한 것이죠.

또한, 목격자가 처음으로 취한
행동은 대응이 아니었습니다.

차라리 대응하지 않는
이유를 찾으려고 애쓰죠.

사건이 종료될 때까지 말이죠.

(혹은 최소한 눈에 보이지 않을 때까지)

내 일이 아니야.

내가 착각한 거라면?

다른 누군가가
나서지 않을까?

난 앞에 나서는 성격이 아니야.
게다가 잘 싸우지도 못해.

나까지 모욕을 당하지는 않을까.

이런 상황은
너무 불편해.
빨리 자리를
뜨고 싶어……

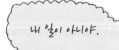

146

이 모든 것이 목격자의 "책임 의식을 흐리게" 하죠.

마지막 걸림돌:

이 문제에 대해서
홀라백과 가랑스(Garance)* 사이트에서 정보를 얻을 수 있었어요.

물론 가장 중요한 것은 당신(목격자)과 희생자의 안전입니다.

다음에 보여드릴 대응책이 여러분께 도움을 주었으면 해요.
그리고 대응할 용기를 북돋워줄 수 있기를 바랍니다.

*'가랑스(Garance)'는 성폭력 예방을 위한 벨기에 단체다. (http://www.garance.be/cms/)

맞대결 전략

그만하세요.

그건 성폭력이에요!

여자분을 가만두세요. 그분한테서 떨어지세요!

맞대응은 가해자와 직접 맞서는 것입니다.

피해자에게 압력을 가중해서는 안 됩니다.

아가씨, 이 사람에게 당신 생각을 분명히 말하세요.

그래, 말해봐. 씨발.

하

당신 생각을 말하세요.
가해자의 신경을 분산하세요.

앞서 다른 사람들의 도움을 요청할 수도 있습니다.

혹은 맞대응 중에라도 가능합니다.

우리 같이 가서 도와줘요.

저기요, 이래도 된다고 생각하세요?

만약 동반자들이 있다면:

한 사람이 희생자를 보호합니다.

몇몇 사람이 가해자를 상대하는 동안,

(한 목격자가 대응한 이후에는 다음 목격자들도 더 쉽게 그 뒤를 따르게 됩니다. 하지만 종종 이들을 부추기는 것도 필요하지요.)

또한

신체 언어:
똑바로 바라본다.
웃지 않는다.
일정 거리를 유지한다.
차분하고 단호한 태도를 보인다.
움츠리지 않는다.
큰 소리로 말한다.

무의미한 말싸움은 피하세요.

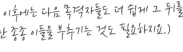

우선순위 : 성폭력을 중단시키는 것

거짓말을 해도 좋아요.

바로 옆에 경찰이 있어요!

목격자라서 더 잘 대응할 수 있는 것들

가해자가 알지 못하게 경찰에 신고한다.

바 종업원, 경비원, 클럽의 안전 요원 등등에게 알린다.

조심스럽게 목격자, 동료를 모아서 함께 대응을 준비한다.

나중에 필요할 때를 대비해 증거자료를 남긴다.

시선 분산하기 (피해자의 도주를 위해서)

첫 번째 방법:

호의적으로 웃으며

줄리! 한참을 찾아다녔잖아!

어서 가자! 많이 늦어서 서둘러야 해!

도주

(가짜 이름을 부름으로써 피해자는 당신의 의도를 미리 알아챌 수 있습니다.)

두 번째 방법:

실례합니다. 혹시 에펠탑에 어떻게 가는지 아세요?

(혹은 구청 등등)

그런데 우리 혹시 아는 사이 아니에요? 아니면 혹시 영화나 텔레비전에 출연하신 적 있나요?

도주

예상외의 발언을 할수록 가해자의 공격성을 떨어뜨릴 수 있습니다.
이때 스스로 거짓말에 어색하게 웃거나 농담 같은 분위기를 내서는 절대 안 됩니다.

잠재적으로 성폭력이 일어날 거 같을 때는 그 자리에 있는 것만으로도 예방할 수 있어요.

(혹은 여러 사람이 함께)

⚠️ 주의 : 본인이 성폭행범처럼 보이지 않도록 하세요.

밤에 여자 뒤에서 걷는 건 상대방을 불안하게 할 수 있어요.
특히 남자라면 말이죠.
(이럴 땐 길을 건너서 반대편 인도로 가세요.)

폭력의 위협이 있을 경우

이럴 때는 반드시 개입해야 합니다.
위험을 보고도 그냥 지나치면 법적 책임을 져야 합니다.

폭력이 일어나기 전에 미리 개입할 수도 있습니다.
여성과 가해자 사이에 서서 거리를 유지하는 거죠.

최소한의 도움:

경찰에 신고합니다.

긴급한 상황임을 알리고
응급자를 부릅니다.

함께 도와줄
사람들을 찾습니다.

사람 수만으로도
위험을 망설이게
할 수 있습니다.

사람들에게 제안하세요.

두 분들,

각자 양쪽 팔을
붙들어주세요.

네.

가해자를 뒤에서부터 제압하세요.

사건 이후

고맙다는 인사도 안 하네?

희생자는 여전히 충격에서 벗어나지 못했거나
긴장이 풀리지 않았을 수도 있어요.
이때는 감사 인사를 받기에 알맞은 시기가 아닙니다.

피곤

그런데 참 예쁘시네요.
사실은 그래서 도와드린 거랍니다!

← 이럴 때도 아니죠.

성폭력 직후는 자주 보는 영화 속 장면처럼
도와준 사람이 희생자에게 사적으로 접근할 수 있는
멋진 분위기가 아닙니다.

단지 걱정해주고 안심시켜주는 게 최선입니다. 혹은 여성분이 원한다면 그냥 조용히 혼자 있게 해주세요.

죄책감을 느끼게 하지 마세요

옷을 야하게 입지 말았어야죠. 치마가 너무 짧은 거 같은데요.
나라면 이 시간에 혼자 지하철을 타지 않았을 텐데.
그 사람이 착각하게끔 웃어준 거 아니에요?

← 안 좋은 행동입니다.
성폭력을 의도적으로 당하려 한 희생자는 없습니다.

…하지 말았어야죠. …했었어야죠.

← 이것도 죄책감을 느끼게 하는 행동입니다.

조언하는 건 좋지만, 죄책감이 들게 해서는 안 됩니다.

희생자도 이미 노력했다는 것과
마법 같은 엄청난 방어책은 없다는 사실을 염두에 두세요.

가해자의 친구인 경우

→ 친구라면 가해자의 행동에 대해 솔직하게 말해야 합니다.
정말 친구라면 누구보다도 당신 말에 귀를 기울일 테니까요!

이런 성폭력 상황 :

빵 빵

야, 내 거 빨아줄래?

잘못된 생각 :

꼬시는 거야.

상대방이 도망가는데도요?

칭찬한 건데.

아니죠. 듣고 기분 나빠하잖아요.

벌어진 일 :

여자가 자리를 피한다.

하하하

이로써 두 남자는 더 가까워진다.
(함께 웃음으로써, 누군가를 배척함으로써,
혹은 함께 배척당함으로써)

공범자가 되고 싶지 않다면 :

!!!

이미 악어에서
맘이 멀어짐

덩달아 가해자의
흥미도 떨어지고 있음

요약 :

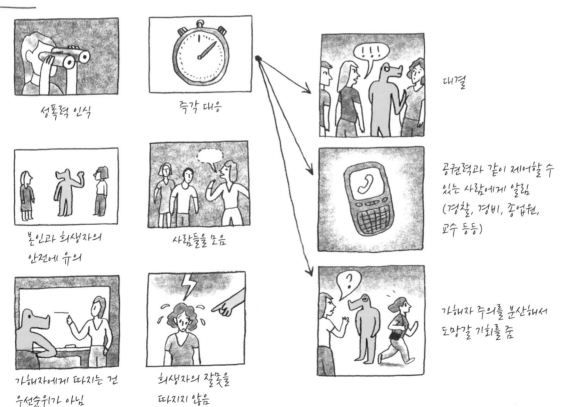

성폭력 인식

즉각 대응

!!!

대결

본인과 희생자의
안전에 유의

사람들을 모음

공권력과 같이 제어할 수
있는 사람에게 알림
(경찰, 경비, 종업원,
교수 등등)

가해자에게 따지는 건
우선순위가 아님

?

!!!

희생자의 잘못을
따지지 않음

가해자 주의를 분산해서
도망갈 기회를 줌

악어들에게 하는 조언

사실 이 책 전체가 악어들을 위한 충고입니다.

책을 통해 당신은 경험자의 입장이 되어볼 수 있죠.

공감 훈련

이때 녀석한테 꺼지라고 말해야지!

그래, 나라도 이렇게 했을 거야.

혁, 너무 모욕적이잖아?

미친 악어 새끼!

이 자식 불안해서 이러는군….

난 이 책에 동의할 수 없어. 과장했거나 아니면 예외적인 일들이라고!

내 이야기를 그대로 다 받아들일 필요는 없어요.

대신 여자 친구들한테 이 책 얘기를 들려줘 봐요.

예를 들어 지하철을 자주 타는 여자 친구들한테요.

그녀들은 거짓말을 하고 있어! 사실은 자기도 은밀히 즐기는 거야!

뭐라고? 그렇게 아무도 믿을 수 없다면, 문제는 너한테 있는 거야.

대화 중에
빠질 수 있는 함정은
자기 관점을
상대방에게 완전히
관철하려는 것입니다

야호! 내가 말싸움에서 이겼다!

이런! 대화의 목표는 상대방의 생각을 알아보려는 거였다고요.

다음번엔 꼭 이길 테다.

그럼 어떻게 마음에 드는 여자한테 접근하라는 거야?

나도 잘 몰라요. 아마도 이제까지 하던 대로? 그러니까 상대방이 마음이 상하지 않을까 늘 조심하면서 말이죠.

상대방에 대해서 아직 아무것도 모르면서 바로 연애, 섹스 상대로 보지 마세요.

이봐!

상대방이 마음에 든다고 해서 자기 마음대로 접근할 권리는 없습니다.

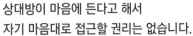

개인의 욕망

타인의 평안

상대방이 평화롭게 자기 집으로 돌아갈 권리가 훨씬 더 중요하죠.

대답 없음, 마지못한 대답 = 아니오.

"더 강하게 표현해주세요."가 아닙니다.

난 상관 안 할래. 여자가 알아서 잘 방어해야지.

너 변태야?

5년 동안 콩밥 먹고 싶어?

그리고 "아니오(No)"라는 대답을 들었다고, 이렇게 말하지 마세요.

미친년!

네가 예쁜 줄 알아?

돼지 같은 게.

됐어요, 미안해요.

지각

키우는 고양이가 죽음

이웃남(녀)와 사랑에 빠짐

직장 동료가 알려준 정보를 기억해내려고 애쓰는 중

어머나 세상에! 타인에게 내가 모르는 자기만의 삶이 있었구나!

이봐 자네, 농담이야, 농담. 날 뭐로 보고.

왜 모든 남성을 악어로 그렸을까?

글 로랑 플륌(Lauren Plume)
블로그 '던져진 질문들(lesquestionscomposent.fr)'의 운영자

『**악**어 프로젝트』를 인터넷에서 처음 봤을 때 나는 흥미를 느끼긴 했지만 내 관점을 어떻게 정해야 할지 혼란스러웠다. 처음에는 성폭력에 관한 이야기가 목적인 것 같았지만, 곧바로 작품의 주제는 그것보다 훨씬 포괄적이라는 것을 알게 되었다. 무엇보다도 성폭력 가해자뿐만 아니라 모든 남성이 악어로 그려졌다는 점이 아주 놀라웠다.

작가의 이러한 선택은 내게 이상하게 느껴졌고, 보기 거북하기까지 했다. 왜 모든 남성을 포식자의 이미지로 표현했을까? 나는 항상 모든 남성을 성적 약탈자로 간주하는 생각(내가 보기에 이 생각은 위험한 반(反)페미니스트의 발상이다)에 대해 꾸준히 반대해왔다. 남성을 악어로 그림으로써 남성과 여성 사이를 구분 지은 것은 문제의 원인을 단순히 성별의 차이로 보는 것 같았다. 남성과 여성은 크게 다르지 않다. 성별은 그렇게 분명하게 분리되고 닫혀 있는 범주가 아니다. 그런데 왜 작가는 그들을 완전히 대립시켰을까?

아마도 많은 사람이 나와 같은 의문점을 품었으리라 생각한다. 하지만 나는 작품을 읽어나가면서 작가의 이러한 선택은 몇몇 사회의 현실을 반영한 것임을 알 수 있었다. 얼마 후 나는 이에 대해 남성인 친구의 의견을 물어보았다. 그 친구 역시 남성을 악어로 그린 것은 사회적 조건과 문화를 반영한 것이므로 자신은 그다지 불편하지 않다고 했다. 대신 여성 또한 사회적 조건에 제약을 받으므로 마찬가지로 다른 이미지로 그렸어야 했다고 덧붙였다. 즉 이 만화는 남성은 포식자고, 여성은 그의 먹잇감인 사회적 관념을 드러냈다는 게 친구의 의견이다.

그러나 나는 이에 동의하지 않는다. 결국, 남성만 악어로 표현한 것은 작가의 좋은 선택이라고 생각한다. 왜냐하면 『악어 프로젝트』에서 중요한 점은 여성의 관점이 충분히 보이도록 하는 것이기 때문이다. 만약 여성 또한 특정 이미지로 표현했다면 이 만화는 중립적인 관점에서 그려졌을 것이다.

그러나 어떤 사람도 중립적인 상태에 있지 않다. 자신의 경험담을 들려준 여성도, 그것을 그림으로 옮긴 작가도, 그것을 읽는 남성 독자 혹은 여성 독자도(아니면 하나의 성으로 명백히 구분할 수 없는 사람도. 하지만 그들 역시 자신이 살아온 삶을 바탕으로 모든 것을 판단한다). 따라서 내가 봤을 때, 아무도 중립적이지 않으므로 중립적인 입장을 갖는 체하는 것은 별 소용이 없다. 그런데 문제는 '중립적이지 않은' 우리가 자신에게 조건으로 주어진 제약을 잘 인식하지 못한다는 것이다. 흔히들 자기는 '자기 자신'이며, 외부의 조건에 영향을 받거나 이상하고 잘못된 행동을 하는 이는 타인이라고 생각한다. 어쩌면 여성이 폭력의 희생자가 되는 것은 실제일지도 모른다. 하지만 개인적으로 세상 속

의 한 여성으로서, 나는 자신을 하나의 희생물 또는 피해자로 생각하지 않는다. 그리고 대부분 여성이 나와 같은 견해를 갖고 있을 것이다. 마찬가지로 남성은 자신을 포식자나 성적 가해자로 보지 않는다. 『악어 프로젝트』에 나오는 몇몇 '악어들' 또한 자신을 그렇게 생각하지 않는다. 객관적으로 진짜 악어가 맞다 할지라도 그들은 자신의 행동이 정상적이라고 여기는 것이다. 하지만 이 만화는 모든 등장인물의 관점을 보여주고 이야기하려는 것이 아니라 여성의 관점만을 드러내려 한다.

여성이 발언권을 얻기는 어렵다. 사회는 남성에게만 발언권을 주는 경향이 있을 뿐만 아니라, (실화든 허구든 간에) 어떤 이야기의 중심인물은 흔히 남성이다. 특별히 여자가 주인공이 되어야 할 이야기가 아니면 말이다. (하지만 그것도 누군가의 아내, 누군가의 여자 친구, 누군가의 엄마 등으로서의 여성일 뿐이다.) 마치 모든 문화가 남성을 대상으로 만들어진 듯하다. 한편 우리는 이야기를 들을 때 등장인물에 감정이입을 한다. 이야기의 의미를 파악하려면 그 속에 깊이 들어가야 하므로 감정이입은 필수적이기도 하다. 이야기에 직접 들어가서 자기도 그곳에 존재해야 한다. 그런데 여성은 곧잘 남성 등장인물에 자신을 동일시할 수밖에 없다. 내가 어렸을 때 '젤다'라는 게임이 유행이었다. 여자들은 링크라는 인물을 자기라고 여겼다. 링크가 구해줘야 하는 공주님이 아니라. 왜냐하면, 게임 속 주인공은 링크였고, 공주님이 되는 건 별 볼 일 없는 일이기 때문이다. 게임의 주인공이 영웅이고, 그 영웅은 링크라는 '소년'이었으니까.

우리는 주요 인물이 남성인 영화, 책, 게임 따위의 수천 가지 예를 들 수 있다. 영화 《백 투 더 퓨처(*Back to the Future*)》에서 주인공이 여성인 것을 상상할 수 있을까? 주인공이 여성이라면 이야기가 어떻게 바뀔 것인가? 많은 작품이 줄거리에서 여성 인물을 완전히 소외시키고 있다. (하워드 필립스 러브크래프트(Howard Phillips Lovecraft)의 고전적인 공상과학소설 같은 작품들이 특히 그렇다.) 혹은 더욱 은밀하게 남성 인물로 이야기를 채울 뿐만 아니라 그들에게 남자다움이나 지배 능력을 키우도록 강조하면서도 마치 작품이 중립적인 태도를 보이고, 그 이야기가 현실적이며 모든 대중에게 공감을 얻을 수 있는 양 가장한다. 하지만 그러한 작품은 사실은 남성을 위한, 남성에 의한 것이다. 나는 영화 《파이트 클럽(*Fight Club*)》이 좋은 예라고 생각한다. 또 《치킨 리틀(*Chicken Little*)》과 같은 어린이를 위한 영화도 마찬가지다. 이 영화는 어린 닭이 남자다움을 배우고, 아버지의 마음을 알아가는 이야기다. 여성 관객으로서 과연 이런

영화에 감정이입을 잘할 수 있을까.

　반대로 남자는 여성인물에 자신을 동일시할 기회가 거의 없다. 그래서 그들은 여성인물에 감정을 이입하지 않는 것에 익숙하다. 이야기 속에서 여성은 항상 주인공이 아닌 보조 역할을 맡는다. 영웅의 엄마나 영웅의 애인, 영웅이 구해야 하는 공주로. 『제2의 성(*Le Deuxième Sexe*)』에서 보부아르(Simone de Beauvoir)는 '나, 자신'이자 이야기의 핵심인 남성 옆에서 여성은 언제나 그저 '그냥 누구'의 자리에 놓인다는 사실에 주목했다.

　그런데 『악어 프로젝트』는 남성을 악어로 그림으로써 일반적인 이야기와 차별성을 갖는다. 여성은 사람으로 그려지고 남성만 동물로 표현되었으므로(게다가 내레이션은 경험담을 들려주는 여성의 '주관적인' 시점이다), 독자는 여성에게 자신을 투영하게 된다. 사실 남성은 자신을 여성과 동일시하는 것에 익숙하지 않다. 왜냐하면, 그럴 기회가 거의 없기도 하거니와 공감 능력은 남자답지 않은 영역으로 간주하고, 소년들에게 그것을 가르치지 않기 때문이다.

　만약 이 만화가 중립적인 관점으로 이야기했다면, 남성 독자는 남성인물과 동일시하고 여성독자는 여성인물과 동일시하려 하는 경향이 매우 컸을 것이다. 그렇게 되면 '남성과 여성 간의 전쟁'이 일어날 뿐이다. 왜냐하면, 남성 독자는 자신과 동일시한 인물의 행동을 정당화하려고 애를 쓸 것이고, 여성 독자는 희생자에 자기를 투영할 것이기 때문이다(비록 일반적으로 여성은 남성 인물과 동일시하는데 더욱 익숙하지만).

　공감 능력을 키우는 것은 중요하며 근본적인 일이다. 만약 '악어'들이 잠깐만 멈춰서 2분 정도만 자신이 성희롱 또는 성폭력을 가하려는 여성의 입장이 되어본다면 절대 악어들이 되지 않을 것이다. 그런데 우리 사회의 모든 것이 남성의 공감 능력 향상을 방해하는 것 같다.

　어떤 남성은 『악어 프로젝트』에 나오는 여성의 처지에 서볼 수 없었을뿐더러, 왜 그렇게 해야 하는지 이해하지 못했다. 그들은 계속해서 남성층에 동일시하려 하며, 남성을 악어로 그린 것에 기분 상해했다. 그들은 여기에 표현된 것이 현실이라는 것을 이해하지 못한다. 여기서 말하는 현실은 모든 남성이 실제로 성적 포식자라는 것이 아니다. 하지만 여성의 관점에서는 남성이 좋은 남자와 공격자, 이렇게 두 가지 범주로 명확하게 나뉘지 않는다는 현실이다. 이 두 범주는 종종 서로 만나고, 섞이고,

좋은 남성　　　　'좋은 남성'이라고 주장하는 남성　　　　악어

혼동된다. 모든 남성은 자신도 모르는 사이에 이 범주에서 저 범주로 순식간에 옮겨갈 수 있다. 거리에서 마주친 남성, 남자 친구, 남편, 친오빠……. 얼마나 많은 여성이 주변인에게 강간당해왔는가? 『악어 프로젝트』에서 한 여성의 끔찍한 경험담을 보자. 흔히 일어나는 애인의 강간은 악어의 다음과 같은 속삭임으로 끝난다. "고마워. 아까 정말 끝내줬어." 그러나 이 남자가 그저 비열한 놈, 강간범이기만 했다면 여성이 그와 사귀었을까? 모든 악어가 어느 순간에는 좋은 남자로 바뀔 수 있으므로 반대로 모든 좋은 남자는 악어가 될 수 있다. 모든 남성은 잠재적으로 독재자다. 실제로 우리가 어떤 범주의 남성을 상대하는지 모른다는 의미에서 남성은 모두 약탈자로 보일 수 있다. 또한, 특권이 있다면 그것을 사용하기 바라는 게 인간이기 때문이다.

　물론 남성에 대한 이런 묘사는 사람들을 불쾌하게 한다. 그러나 이것은 현실의 반영일 뿐이다. 성차별주의가 만연한 사회에서는 모든 남성을 강력한 성적 포식자로 간주하는 게 사실이다(그래서 그들은 여성에게 희생자가 되고 싶지 않다면 짧은 치마를 입지 말라고 한다). 그리하여 남성이 성적 포식자로서 행동하도록 그냥 둔다. 그게 정상이니까. 그 결과 남자아이들도 그런 방식으로 교육을 받는다. 『악어 프로젝트』의 주제는 남성이 악어의 모습으로 태어났다가 아니라 악어가 되어간다는 것이다. 바로 여기에 남성을 악어로 그린 진정한 의미가 있다. 텀블러 『악어 프로젝트』에서 나를 얼어붙게 한 그림이 하나 있다. 인간의 모습을 한 아기가 조금씩 악어로 변해가는 그림 이다. 타인을 존중하고 행복한 사람이 될 수 있었던 작은 아이가 성적 포식자가 되어가는 일은 충격적이다. 안드레아 드워킨(Andrea Dworkin)의 글이 떠오른다. "어떻게 태양과 작은 돌에도 자비를 베풀던, 생생한 삶의 애정을 품었던 소년이 여성과 인류애를 공유하며 그것을 허용할 능력마저도 상실해버린 성인이 되어버렸을까?"

남성에게 감정이입은 확실히 어려운 일인 것 같다. 많은 남성이 자신의 성이 악어로 그려진 것에 불편해한다. 희생자가 자신의 고통스러운 경험담을 들려줄 때, 그것을 듣고 마음을 움직이는 대신, 자신은 그렇지 않다고 변명하고 좋은 남성도 있다는 것을 알리기 바쁘다. 그들은 『악어 프로젝트』가 두 남성을 그렸어야 한다고 생각한다. 악어인 남성과 좋은 남성™이다. 물론 그들은 그중 누구에게 자신을 투영할지 잘 안다. 그러나 좋은 남성™은 존재하지 않는다. 적어도 그런 식으로 남성을 두 분류로만 나눌 수 없다. 그리고 어찌 됐건 그것은 남성 스스로 판단할 문제가 아니다. 성폭력에 대한 일화를 접할 때 남성은 말한다. "하지만 나는 그렇지 않다." 그러나 그들을 조금만 들여다보면, 그들이 조금은 '그렇다'라는 것을 알 수 있다. 그들은 우리가 강간, 폭력 그리고 아주 심각한 것을 이야기하는 동안에도 무언가를 느끼기는커녕 자신들의 에고를 보호하느라 바쁘다. 그 심리는 무엇일까? 그런 일이 자신들에게는 절대 일어나지 않으리라고 생각하는 걸까? (하지만 남성도 성폭력의 희생자가 될 수 있다.) 혹은 단순히 자신의 이미지를 보호하려는 걸까? 하지만 바로 이런 생각을 하는 것 자체가 악어의 모습인 것이다. 말하자면 타인의 필수적인 요구(특히 여성의 육체적 안전)보다도 남성이 자신의 요구와 욕망(예를 들어 좋은 이미지를 갖고 싶어 하는 욕망)을 독단적으로 상대방에게 들이미는 행동은 악어의 그것이다. 그리고 이것이 『악어 프로젝트』에서 수많은 여성이 진술한 이야기의 핵심이다. 『악어 프로젝트』는 다른 문화 매체들처럼 만화에서 보기 힘든 접근 방식으로 여성에 대해 이야기하고 있다. 『악어 프로젝트』는 모든 복잡성과 모순 속에서 여성이 아슬아슬한 삶을 살아가는 우리 사회의 모습을 드러낸다.

우리에게는
해야 할 일이 많다!

글 이렌 자이링거
사회학자이며 브뤼셀 가랑스 단체에서 자기방어를 교육한다. 20년 전부터 전 세계 다양한 곳에서 여성에게 일어나는 폭력 사건과 싸우고 있다. 2008년 "아무 말도 못하고 당하기만 하는 것이 지긋지긋해진 모든 여성을 위해" 자기방어에 대한 페미니스트 개론서인 『아니라면 정말 아니다』를 썼다.

여성에게 공공장소는 위압, 성적 대상화, 폭행의 장소다. 약 2년 전부터 일반 대중은 페미니스트 운동이 40년 이상 주목해온 이 문제를 이해하기 시작했다. 여러 포럼에 올라오는 논의 글을 읽다 보면 이 문제가 특정 사회집단에만 연관되어 있거나 단순히 소수 남성의 어리석은 짓일 뿐이라는 주장을 보게 된다. 하지만 거리에서 당하는 성폭력은 새롭게 나타난 현상도, 인간 본성의 어쩔 수 없는 한 면도 아니며, 비정상적인 남성이 벌인 불행하지만 예외적인 사건도 아니다. 공공장소 성폭력은 우리 사회를 관통하고 조직하는, 남성 지배 체제의 일부를 이루는 것이다.

이러한 지배 체제 안에서는 여러 가지 구조가 여성을 사회적 종속으로 몰고 간다. 그중 하나가 여성에게 가해지는 폭력인데, 길거리 성폭력도 여기에 속한다. 여성을 대상으로 한 폭력은 남성이 여성에 대한 사회적 제약을 가하려는 목적을 갖는다. 먼저 특정 장소에 여성의 출입을 제한하려는 폭력을 그 예로 들 수 있다. 역사적으로 여성은 여성적 단정함의 제한선을 넘어서는 순간 폭력의 희생자가 되었다. 투표권을 위해 시위에 참여했던 영국의 여성 참정권 운동가들은 폭력적으로 진압당했으며, 남성에게만 허용되던 산업 지구에 들어간 여성 노동자는 대규모의 성폭력과 맞닥뜨려야 했다. 오늘날에는 힘 있는 자리와 공공장소가 남성의 사냥감이 되었다. 생각해보자. 유럽 지역 여성의 55퍼센트가 성폭력을 당한 경험이 있으며, 이 수치가 상사의 위치에 있거나 자유직인 여성들 사이에서는 75퍼센트로 증가했다.[1] 매년, 프랑스 여성의 13퍼센트가 공공장소에서 욕설을 듣는다. 또한 5.2퍼센트는 거리에서 미행을 당하며, 2.9퍼센트는 노출증 환자와 대면해야 하고, 1.9퍼센트는 신체적 접촉을 당한다.[2] 이들의 가해자는 늘 같은 남자, 어쩔 수 없는 네다섯 명의 남자가 아니다. 프랑스에서

---

1) 유럽 인권 단체 : http://fra.europa.eu/sites/default/files/fra-media-memo-violence-against-women_fr.pdf
2) 마리즈 자스파르(Maryse Jaspard),《프랑스에서의 여성 폭력(Les violences envers les femmes en France)》, 프랑스 국내 설문 조사 결과, 2004년.

만 여성을 욕한 자 300~400만 명, 여성을 미행한 자 140만 명, 노출증 환자 75만 명과 여성을 더듬는 자 50만 명을 추산할 수 있다. 많은 수다. 지나칠 정도로 과하다.

게다가 이러한 폭력은 여성에게 특정한 행동과 태도를 강요하고자 한다. 흔히들 폭력의 원인은 항상 우리 여성에게 있다고 한다. 우리가 젊고 예쁠 때, 섹시한 옷을 입을 때, 미소를 띨 때, 늦은 시간 지하철을 탈 때, (혹은 이 모든 경우가 아니더라도) 남성은 우리의 매력에 저항할 수 없다는 것이다. 또한, 우리는 어떤 경우에도 제대로 처신할 수 없다. 만일 우리가 너무 예쁘다면, 괴롭힘을 당하는 것은 정상적인 일이다. 또한, 반대로 우리가 못생겼다면, 우리를 놀리거나 모욕하더라도 놀라운 일이 아니다. 이것이 바로 이중 제약이다. 여성이 사회의 성차별적 기대에 자신을 맞춘대도 비난받을 것이며, 여성성의 규범에 순응하는 것을 거절한대도 비난받을 것이다. 잘못된 선입견에 따르면 남성이 우리를 빤히 쳐다보고, 자기 성기를 보여주고, 성적인 제안을 하는 등등의 행동은 여성의 존재 자체와 어떤 태도에 따른 결과다. 그리하여 여성은 성폭력을 '유도'하지 않으려는 노력을 해야 한다. 그러나 분명하게 말하지만, 성폭력의 책임은 여성이 아니라 전적으로 가해자에게 있다.

공장소 성폭력이 왜 심각한 문제가 되는가? 나는 종종 이렇게 말하는 것을 듣는다. "여성은 관심을 받고, 칭찬을 듣는 것에 만족해야 한다." 또는 "강간이 아니라면 그렇게 심각한 일이 아니다.", "그냥 웃자고 한 짓이다." 모두 틀린 말이다. 거리에서 일어나는 크고 작은 성추행, 성희롱 등은 여성에게 가하는 명백한 폭력이며 그것은 심각한 일이다. 이유가 뭘까?

　　－공공장소에서의 성폭력은 모든 여성이 스스로 약하다고 느끼게 하며, 그들에게 불안감을 심어준다. 여성이 안전을 위해서 아무리 장소를 고르고 문제가 없는 시간대를 이용할지라도, 공공장소를 드나드는 것에는 선택의 여지가 없다. 만약 택시나 자동차를 이용할 돈이 없다면, 또 낮에도 밤에도 친절한 사람들만 있는 좋은 지역에서 살 수 없다면, 또 야근하거나 음산한 지역에서 일한다면, 우리는 정숙한 여성이 피해야 할 시간과 공간에 드나들 수밖에 없다. 3) 그래서 여성은 할 수 있는 모든 대비책으로 무장하고 공공장소

---

3) 물론 공공장소 성폭력은 곳곳에, 어느 시간대에나 존재한다. 따라서 이런 방식의 도피책은 결국 실패로 끝나고 만다.

로 간다. 하지만 막연한 두려움은 지울 수 없다. 그곳에서 절대로 평온할 수 없다.

- 공공장소에 대한 여성의 이러한 두려움은 위험에 대비해 무수한 전략을 짜도록 한다. 누구와 함께 공공장소에 나갈지, 그리고 시간과 장소를 계획한다. 또한, 어떤 교통수단이 위험부담이 적은지 미리 생각하고, 안전을 위해 어떤 옷을 입어야 하며 어떤 방어 도구를 챙겨야 할지 고민한다. 위험을 피하기 위한 이러한 전략들로 조금 안심이 될 수는 있다. 그러나 이 전략들은 공공장소 성폭력의 위험 요인에 대한 고정관념에 기초하므로 그 효과는 불확실하다. 게다가 이 전략들이 우리의 이동성, 독립성, 시민으로서의 참여를 제한한다는 것은 더욱 걱정스러운 일이다. 우리가 길에서마저 안전하다고 느끼지 못한다면 어떻게 학교와 직장에 다닐 수 있을 것인가? 어떻게 정치적 회의에 참석할 수 있을 것인가? 어떻게 연극 공연을 제작하거나 시위에 참여할 수 있을 것인가?

- 또 다른 도피책은 위의 방법보다도 못하다. 그것은 우리를 '우리' 남자의 보호 아래 두는 것이다. 이 방안은 모든 여성에게 해당할 수도 없고, 마음에 들지도 않는다. 두려움과 도피로 여성들은 서로 소통하지 못하고, 분리되어 각자의 사적인 공간 안으로 숨어든다. 이러한 고립과 분리는 여성이 또 다른 심각한 폭력에 대해 더욱 무기력하게 한다. 그것은 사적인 공간에서 우리가 아는 (우리를 보호해줄 줄 알았던) 남성이 저지르는 폭력이다.

- 결국 여성은 공공장소를 남성에게 넘겨준다. 다양한 사회 구성원과 다른 여성들의 부재 속에서, 몇몇 여성은 그런데도 공공장소에 발을 들여놓는다. 하지만 그녀들 역시 여전히 그 자리가 어색하고 불안하다. 이것은 단지 여성에게만 심각한 문제가 아니다. 노인이나 LGBTIQ [4])와 같은 사회 구성원 역시 공공장소에서 소외되고 불안함을 느낀다.

위에서 살펴본 것 같이 공공장소에서의 성폭력은 우리의 삶의 질과 사회적 위치에 큰 영향을 미친다. 그렇다면 성폭력과 대면하여 무엇을 해야 할까? 『악어 프로젝트』는 이 부분에 대해서 간략하게

---

4) LGBTIQ는 성 소수자를 표현하는 한 용어로서 레즈비언(Lesbian), 게이(Gay), 양성애자(Bisexual), 트렌스젠더(Transgender), 인터섹스(Intersex, 남성과 여성의 신체 유전적 특성을 함께 지닌 채 태어난 사람), 퀴어(Queer, LGBTI를 모두 포괄)를 지칭한다. 이 용어가 모든 성 소수자를 완벽하게 표현하고 있지는 않다. 예를 들어 범성애자(pansexual, 성적 끌림의 대상에 성의 조건이 필요 없는 사람), 무성애자(asexual, 성적 끌림을 느끼지 않는 사람)가 여기에 빠져 있다.

잘 보여준다.

　말에 현혹되어서는 안 된다! 잘못을 최소화하고 피해자의 죄의식을 불러일으키는, 성폭력 가해자가 변명하는 말들은 위험하다. 모든 남성과 여성에 관련된 사회적 문제로서 공공장소 성폭력에 대해 말해야 한다. 성폭력의 모든 책임을 가해자에게 물어야 하며, 여성의 대응 전략에 힘을 실어주고 드러내도록 해야 한다. 무엇보다 오랫동안 가려져 있던 공공장소 성폭력 문제를 꺼내서 말해야 한다.

　여성이 공공장소 성폭력 앞에서 혼자라고 느끼는 한, 그리고 원인을 자신에게서 찾는 한 이에 저항할 가능성은 더욱 작아진다. 그래서 '홀라백'과 같은 운동의 솔선수범은 큰 의미가 있다. 이를 통해 여성이 자신의 경험을 증언하고 공동체의 지지를 받을 수 있기 때문이다. 마찬가지로 '길거리 성폭력 중단'과 같은 예술적 투쟁도 매우 중요하다. 이러한 투쟁은 습관적인 사고를 전복시키고, 공공장소에 실질적인 존재성을 창조하기 때문이다. 또한, 모르는 사람이나 친구가 여성을 위협하고 희롱하고 공격하는 것을 보았을 때 개입할 줄 아는 남성이 중요한데, 정의롭고 평등한 사회를 구현하는 일에 힘이 되기 때문이다.

　여성은 성폭력에 아무런 책임도 없을뿐더러 대항할 힘이 있다. 억압에 저항하는 것은 다양한 방식으로 나타날 수 있으며 반드시 슈퍼우먼이 될 필요는 없다. 단순히 고무줄 하나로 악어의 입을 묶어버릴 수 있음을 기억하자. 악어의 몸이 어디든 강한 것은 아니다. 우리는 약점을 이용해야 한다. 모든 위험 가능성에도 불구하고 두려움을 보여주는 것을 거부하고, 공공장소에 존재를 당당히 드러내는 것부터가 이미 큰 저항이다. 여성은 자신만의 대응 전략을 서로 교환하고 배울 수 있다. 개인적으로든 혹은 집단적으로든, 예방을 위해서든 혹은 각각의 상황에 맞춰서든 우리는 행동할 수 있다. 모든 가능성은 열려 있다.

　서두르자. 우리에게는 해야 할 일이 많다!

165

새로운 페미니즘의 무기, 인터넷

글 안-샤를로트 위송
페미니스트, 블로그 '젠더!(Genre!!)'(cafaitgenre.org)의 운영자이며 파리13대학에서 언어학 박사 과정에 있다.

페미니스트 운동의 너무나 다양한 양상을 몇 개의 큰 흐름으로 구분 짓고자 우리는 흔히 페미니스트를 세대별로 나눈다. 1세대 페미니스트는 무엇보다도 여성해방과 남성과 평등한 권리를 쟁취하려고 싸웠다. 반면 1960년대에 등장한 2세대 페미니스트는 사적인 영역까지 고려함으로써, 남성 지배 구조에 대해 더욱 급진적으로 문제를 제기하고 여성의 자유에 초점을 맞추었다. 페미니스트 운동이 시간 속에서 진화해왔다면, 달라진 것은 투쟁의 대상, 개념, 방식만이 아니라 투쟁 공간이기도 하다. 그런데 가장 최근의 3세대 페미니스트 중 많은 이가 새롭게 등장한 가장 중요한 투쟁 공간의 점유를 주저하고 있다. 그 공간은 바로 인터넷이다.

오늘날 인터넷의 영향력은 대단하다. 특히 소셜네트워크서비스의 파급력은 '아랍의 봄*'과 같은 최근 일어난 혁명에서 극명하게 드러났다. 마찬가지로 많은 투쟁가가 인터넷을 활동의 장으로 활용하고자 힘을 쏟는다는 사실 역시 강조되어야 한다. 페미니스트 역시 정보를 교환하고, 집결하고, 행동하는 새로운 방식을 정립하려고 인터넷을 이용한다.

그리하여 인터넷은 페미니스트 문화에서 중요한 역할을 하는, 교환과 전달의 핵심적인 장소가 되었다. 경험을 공유하고 가부장적 구속에서 벗어나 자유롭게 표현할 가능성은 2세대 페미니스트가 발전시킨 그들 문화의 핵심이다. 오늘날 텀블러, 트위터, 페이스북 등과 같은 포럼, 블로그는 이러한 문화를 위한 필수적인 공간이자 도구가 되었다. 그 예로, 2012년 영국인 로라 베이츠(Laura Bates)가 만든 인터넷 사이트 '일상 속의 성차별 프로젝트(Everyday Sexism)'는 일상적으로 벌어지는 성차별에 관한 경험을 교환하는 소통의 장이 되었다. (2013년 4월, 15개국의 네티즌이 게시한 증언은 총 2만 5000건이었다.) 프랑스에서는 이와 같은 예로, 2011년 '과감하게 페미니즘을 행하세요(Osez le féminisme)' 단체가 세운 '여자의 삶(Vie de meuf)' 사이트가 있다.

우리는 인터넷에서 새로운 운동이 펼쳐지는 것을 확인할 수 있다. 예를 들어 페미니스트 블로그는 증언의 장이 될 뿐만 아니라 더 나아가 교육과 정보를 제공하는 공간이 되길 원한다. 학술적인 페미니즘 이론을 전파하는 일을 비롯하여 방문자가 하루에 1000명이 넘는 '긱 페미니즘 위키(Geek Feminism Wiki)' 같은 인터넷 사이트에 고유한 용어나 기호 체계를 새로이 만들어 제시하는 일까지 다양하게 전개된다.

---

* '아랍의 봄'은 2010년 12월 튀니지에서 일어난 민중 혁명 이후 나타난 북아프리카와 중동 지역으로 퍼진 반정부, 민주화 시위다.

이 와 같은 성찰, 교육, 전달의 역할을 넘어서서 인터넷은 또한 강력한 투쟁의 공간이 되었다. 2013년 (특히 '일상 속의 성차별 프로젝트'를 이끈) 운동가들은 단 며칠 만에 광범위한 캠페인을 벌여 페이스북에 압력을 가했다. 페이스북이 여성 비하 콘텐츠에 대해 너무나 느리고 소극적인 대응을 했다는 이유에서였다. 6만 명이 넘는 트위터 이용자가 '#FBrape'라는 해시태그를 사용하자 페이스북에 광고를 올리는 기업들이 주목하기 시작했다. 그 결과 수많은 기업이 페이스북에서 광고를 내렸고, 페이스북은 여성을 비하하는 내용물에 대해 통제를 강화하고 증오 담론을 퍼뜨릴 수 없도록 대책을 세우겠다는 약속을 발표했다.

이처럼 인터넷은 페미니스트 운동에 유용한 수단이 될 뿐만 아니라 그 행동을 실천함에서도 엄청난 속도를 제공한다. 하지만 페미니스트는 이 유례없는 기회에 위험이 따른다는 사실을 안다. 페미니스트 담론은 늘 부정적으로 이해되거나 심지어 폭력적인 반응을 불러일으킨다. 그리고 이러한 가능성은 인터넷상에서 더욱 강화된다. 온라인에서 활동하는 페미니스트에게 협박과 욕설은 일상이 되었다. 주 타격 대상은 페미니스트이긴 하지만 인터넷상의 극단적인 여성 혐오 폭력은 모든 여성을 상대로 한다. 예를 들어, 미국인 아니타 사키시안(Anita Sarkeesian)*과 내 블로그에 '게임광들의 성차별주의(sexisme chez geeks)'라는 제목의 글을 올린 여성 게이머 마르라르(Mar_Lard)**도 이러한 폭력의 대상이 되었다.

인터넷에서 활동하는 페미니스트들은 이러한 문제가 인터넷상의 페미니스트 공간에서만 일어나는 현상이 아님을 안다. 여타 다른 공공장소에서 그러하듯이 여성은 인터넷에서도 정당한 권리를 누리지 못할 뿐만 아니라 소외당한다. 나는 인터넷에서만 활동하는 여성 혐오가 있다고 생각하지 않는다. 다만 그것은 훨씬 강력하게 인터넷에서 표출될 뿐이다. 페미니스트 운동이 인터넷에서 더욱 강화되는 것과 같은 이치다. 모든 것이 인터넷에서 극단적으로 부풀려진다. 따라서 우리는 최악의 상황을 대비하고자, 또한 가장 좋은 상황을 이끌어 내고자 무기를 갖춰야 한다. 만약 우리가 페미니스트뿐만 아니라 모두에게 다가가고, 호소하고, 함께 소통하기를 원한다면, 그리고 그것이 페미니즘의 핵심임을 안다면 인터넷을 두려워해서는 안 된다. 그리고 인터넷 공간을 점유하는 위험을 감수해야 한다. 지난 몇 년간 페미니스트가 성공적으로 그 작업을 이뤄낸 것처럼 말이다.

참고
일상 속의 성차별 프로젝트(Everyday Sexism)*** : everydaysexism.com
여자의 삶(Vie de meuf) : www.viedemeuf.fr (프랑스어)
긱 페미니즘 위키(Geek Feminism Wiki) : geekfeminism.wikia.com (영어)

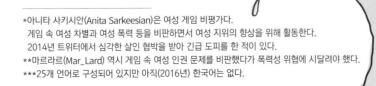

*아니타 사키시안(Anita Sarkeesian)은 여성 게임 비평가다.
 게임 속 여성 차별과 여성 폭력 등을 비판하면서 여성 지위의 향상을 위해 활동한다.
 2014년 트위터에서 심각한 살인 협박을 받아 긴급 도피를 한 적이 있다.
**마르라르(Mar_Lard) 역시 게임 속 여성 인권 문제를 비판했다가 폭력성 위협에 시달려야 했다.
***25개 언어로 구성되어 있지만 아직(2016년) 한국어는 없다.

우리는 함께 행동해야 한다

글 '길거리 성폭력 중단' 단체

공장소에서의 성폭력은 정말 피할 수 없는 운명일까? 그것은 너무나 오래전부터 당연한 일로 생각되어왔다. 서양 문화에서는 길거리에서의 휘파람, 모욕을 주는 언행, 욕설 그리고 신체 접촉은 피해자가 묵묵히 참아내야 할 자연스러운 현상이라 여겨졌다. 여성에 대한 '친절', 남성의 '충동'에 대한 '표현의 자유'는 인간의 권리이므로 지켜줘야 한다는 이유다. 따라서 여성은 공격자에게 분노를 표출하고 싶은 욕망까지도 억누르며 자신의 권리를 억압하는 수밖에 없었다.

그러나 "더는 안 된다(enough is enough)." 미국에서 처음으로 집단적 항의가 일어났다. 길거리 성폭력에 맞서 2005년 '홀라백' 그리고 2008년 '길거리 성폭력 중지'라는 운동이 탄생했다.

'홀라백'은, 피해 여성이 자신의 증언을 사이트에 올릴 것을 권유하며, 여성이 침묵에서 벗어날 수 있도록 도왔다. 이러한 솔직하고 비폭력인 반격을 통해 여러 좋은 효과를 불러일으킬 수 있었다. 이를테면 여론에 경각심을 주는 것, 조사하게 하는 것, 피해자를 지지하는 것, 여성이 자기 자신을 지키도록 돕는 것, 목격자가 피해자를 돕도록 하는 것, 마지막으로 이러한 운동을 국제적인 수준으로 높이는 것이다. 이 성공적인 운동은 현재 16개국, 45개 도시, 9개국 언어로 확대되었다. 사이트에는 수

백 개의 증언이 그 충격의 강도를 더하며 날마다 올라온다.

미국의 두 번째 큰 운동인 '길거리 성폭력 중지'의 창설자인 홀리 컬(Holly Kearl)은 공공장소 성폭력에 대한 초기 작품들과 이 문제에 관한 수많은 연구의 저자이며 연구자다. 홀리 컬에 따르면, 전 세계 여성의 80퍼센트가 성폭력으로 고통받으며, 네 명 중 한 명의 여성은 열두 살 이전에 공공장소에서 성폭력을 당한 경험이 있다.

프랑스에서 길거리 성폭력 중지에 대한 발언은 최근 들어 시작되었는데, 2012년에 발표된 소피 페이터르스의 다큐멘터리 영화 《거리의 여자》가 큰 영향을 주었다. 그 예로 '도시에서 여자 유혹하기'에 대해 쓴 텀블러와 책인 『너 얼마니(PAYE TA SHNEK)』*, 그리고 마음을 움직이고 고통을 일으키기도 하는 작품 『악어 프로젝트』가 있다.

그러나 미국과 달리 프랑스에서는 어떠한 움직임도 없었다. 그리고 마침내 2014년 2월 '길거리 성폭력 중단' 운동이 일어났다. 두 운동가가 페이스북을 중심으로 만든 것이 급속히 확산하여 현재 세계 다수의 도시에서 수십 명의 구성원이 활동한다. 이 운동은 그저 집단적인 불평의 수준으로 그치지 않고 그 이상으로 발전하여 여성에 관한 남성의 생각과 행동에 근본적인 변화가 필요하다고 호소한다. 세계 각국의 남성과 여성으로 구성된 운동가는 길거리 성폭력에 다 함께 효과적으로 대응할 수 있음을 알린다. 이렇듯 2014년 3월 이래로 꾸준히 지속하여온 다양한 활동은 세상과 매체가 주목할 만한 반향을 일으켰다. 이 운동은 파리 곳곳의 성폭력이 자주 일어날 수 있는 공간에 그것을 추방할 목적으로 '이상한 놈 없는 지역' 벽보 붙이기 캠페인을 벌였다. 또한, 이 캠페인을 대중교통 공간이나 축제 등의 영역으로 확대할 계획이다.

이 운동의 궁극적인 목적은 공공장소 성폭력의 엄청난 규모와 심각성에 대한 경각심을 불러일으키는 것이다. 흔한 성차별적인 표현, 여성의 관점에서 폭력이 될 수 있는 모든 표현은 비록 그것이 신체적 해를 끼치지 않는 수위라 할지라도 피해자에게 지울 수 없는 상처를 줄 수 있음을 알리고자 한다. 그리고 모든 사회 구성원이 공공장소 성폭력에 맞서 싸울 것을 촉구한다.

이 운동은 어떤 정치적 운동을 표방하지 않는다. 활동가 중에는 페미니스트도 있고 아닌 사람도 있다. 이 운동은 여성과 남성을 대립시키고자 하는 것

*'너 얼마니(PAYE TA SHNEK)'는 공공장소에서의 성폭력에 관한 증언을 게시하는 텀블러다.

이 아니라 그저 공공장소를 평등하게 공유하고자 한다. 상대방에게 환심을 사거나 유혹하기를 그만 두라는 것이 아니라 그것이 성폭력의 수준으로 가지 않게 자신을 제한하라는 것이다. 상대방의 환심을 사려고 애쓰는 것과 성희롱을 구분하는 방법은 상대의 의지를 받아들이느냐 무시하느냐에 따라 달라진다. 칼럼니스트 가엘르-마리 짐메르만(Gaëlle-Marie Zimmermann)이 말한 것처럼 상대방의 환심을 사려고 애쓰는 것은 그저 뻗은 손이며, 성폭력은 덮치는 손이다.

텀블러에 게시되던 『악어 프로젝트』가 책으로 나온 것은 반가운 일이다. 토마 마티외는 여성, 동성애자에게 가해지는 다양한 형태의 성폭력을 날카롭게 포착한다. 또한, 평범한 성차별주의에도 경각심을 불러일으킨다. 그의 작품은 여성이 끊임없이 남성과 싸워야 하는 현실이 공동의 사회적 문제임을 보여준다. 왜냐하면, 남성은 태생적으로 가해자가 아닐 뿐더러, 공공장소 성폭력은 얼마든지 물리칠 수 있는 사회악이기 때문이다. 따라서 우리는 이 불행에 마침표를 찍으려고 함께 행동해야 한다!

'길거리 성폭력 중단' 단체
#stopharcelementderue
Twitter : @stophdr
Facebook :
www.facebook.com/stopharcelementderue
www.stopharcelementderue.org(프랑스어)

170

남자는 아직 그려지지 않았다

글 권김현영

여성학자. 성폭력에 대항하고 변화를 만들어갈 수 있는 일이라면 무엇이든 해왔다. 성폭력생존자말하기대회와 자기방어훈련을 동료들과 함께 만들고 진행했다. 사건지원매뉴얼, 목격자중심예방교육, 군대내성폭력토론교육 등의 교육프로그램을 만들었다. 『성폭력에 맞서다』, 『성의 권리 성의 정치』, 『남성성과 젠더』, 『언니네 방』 등을 공저했다. 걸어온 싸움은 피하지 않되, 먼저 시비를 걸지는 않는다.

이 책을 읽고 새삼 놀랐다. 유럽 여성들도 아시아 여성들과 비슷한 말을 듣고 살고 있다니! 솔직히 말하자면, 나는 이 책을 읽기 전까지 프랑스 남자들이 한국 남자들보다는 길거리에서 조금 더 예의가 있을 거라고 생각했다. 내 주변의 많은 여자들이 유럽 여행 당시 만난 프랑스 남자들은 "싫다고 하면 미안해하며 물러설 줄 안다는 것에 감탄했다."라고 말하지 않았던가. 때문에 프랑스 남자들은 좀 더 예의바를 것이라는 믿음이 상당히 오랫동안 유지되었다. 싫다고 할 때 미안해하며 물러서는 것이 상식으로 자리 잡히기만 해도 많은 일이 해결될 터이니 말이다.

하지만 이 책에 따르면 길에서 지나가는 여자를 괴롭히는 일은 한국이나 프랑스나 크게 다르지 않은 모양이다. 그러고 보니 수업시간에 학생으로 만난 호주 출신의 세라가 해준 말이 생각났다. 세라는 한국에 머문 3년간 길거리에서 남자들이 자신의 피부색, 가슴, 엉덩이를 손가락으로 가리키며 끊임없이 소리 지르는 느낌을 받았다고 했다. 고발의 물꼬가 트이자 다른 여학생들도 앞다투어 자기 경험을 이야기했다. "저는 프랑스 지하철에서 "거기 털도 검은 색이니?"라는 말을 들은 적이 있어요.", "남아시아를 여행하는 아시아 여자들 중 유럽 남자들에게 "너 얼마니?"라는 말을 안 들은 사람은 없을 걸요." 그렇다면 국경을 넘는 여자들이 특히 더 이런 공격을 받는 걸까? 해외여행을 자주 다니지 않아도 저런 이야기들이 익숙한 걸 보면 자국민 여성들과 타국민 여성들에 대해 괴롭히는 방식이 달라질 뿐 공간의 차이는 없을 것 같다. 여학생들은 이런 말을 해도 "네가 예쁘니까 참아.", "예쁜 여자의 운명이야.", "지금 너 예쁘다고 자랑하는 거야?"라는 식으로 사람들이 반응하기 때문에 그냥 말을 하지 않는다고 했다. 이런 말들은 언뜻 호의에 기반해 있는 칭찬같이 들리지만 결국 "그냥 가만히 있으라."라는 말이다. 괴롭힘 당하는 이유를 다시 피해자 탓으로 돌리는 일이기도 하다.

한국에서 길거리 괴롭힘 반대 운동은 비교적 최근에 시작되었다. 2015년 한국성폭력상담소에서는 길거리 괴롭힘 소멸 프로젝트(jinsangroad.org)를 통해 시민들의 제보를 받고, 10여명의 만화가들과 함께 웹툰을 제작하고, 진상퇴치선언대회를 여는 등의 활발한 활동을 펼치고 있다. 상담소의 홈페이지에 올라온 시민들의 제보에 따르면 길거리 괴롭힘과 성희롱, 성차별은 삼위일체처럼 한 몸으로 움직인다. "너처럼 착한 학생을 만나야 하는데, 나랑 만나보겠어?"라며 원조교제를 제안한 버스기사, 여대 앞을 찾아와 막무가내로 카메라를 들이밀고 인터넷 생방송으로 중계하며 네티즌들에게 얼평

(얼굴품평)을 하도록 유도하는 BJ, 주유소에서 기름 만원어치 넣어달라며 "내 것 넣게 해주면 10만 원"이라고 말하는 진상 손님, "여자의 화장은 예의"라고 말하면서 성형한 곳을 찾아내는 내기를 하는 대학선배에 이르기까지 괴롭힘의 종류와 수위는 다양하고 광범위하다. 또한 한국의 길거리 괴롭힘 특징은 말로 하는 성적 모욕보다는 직접적인 신체접촉에 대한 이야기가 도드라지는 편이다. 여성의 엉덩이와 가슴을 만지고 튀는 행위를 뜻하는 줄임말(엉만튀, 슴만튀)까지 나와 있을 정도로 일상적이며, 바지 앞쪽을 만지거나 혹은 치마 안쪽으로 손을 집어넣으려고 했다는 증언도 자주 나온다.

이렇게 여성들은 흔히 겪는 일인데 왜 우리는 제대로 공론화 하지 못했던 것일까. 대학 강의를 하면서 이런 주제로 토론을 하기 시작하면, 쏟아지는 여학생들의 제보에 처음에 남학생들은 어쩔 줄 모르겠다는 표정을 짓고 있다. 그러다 이야기가 조금만 더 길어지면 어김없이 남학생 중 한 명이 손을 들고 우리를 다 가해자 취급하는 것 같아서 불편하다고 호소한다. 수업 시간마다 하도 이런 일이 반복되어서 나는 남학생들에게 왜 그들의 친구보다 그 친구를 모욕한 낯선 사람에게 더 쉽게 동일시하는지 물어본 적이 있다. "비난하는 것처럼 느껴졌다."라는 대답이 돌아왔다. 잘못은 내가 아닌 다른 남자가 했는데도 자신을 비난하는 것처럼 느꼈다는 것은 무슨 의미일까. 나도 남자니까, 나도 조금은 저런 행동을 하기도 하니까, 혹은 내 친구들이 저런 행동을 한 것을 알고 있으니까……. 여러 가지 마음이 있었을 것이다. 이런 말을 하는 사람들은 진짜 자신의 감정에 대해 말하고 있는 것이 아니다. 왠지 불편하다는 말은 어떤 감정을 느껴야 할지 모르겠으므로 아무 말도 듣고 싶지 않다는 말이다. 남자들 모두가 당연히 괴롭힘을 즐기는 건 아니다. 하지만 모두가 그런 건 아니라는 말을 강조하는 건 아무 의미가 없다. 일부 남자들에게만 해당된다는 말을 들으면 이런 불편함이 해소될까? 오히려 그런 말 때문에 변화를 위해 지금 당장 행동할 필요를 느끼지 못하는 건 아닐까? 다행스럽게도 저자는 이런 갈등에 대해 매우 잘 이해하고 있다. 나는 이 책의 내용과 수준을 결정한 것은 바로 이 두 가지 점이었다고 생각한다. 갈등을 쉽게 해소하려고 들지 않은 것, 그리고 갈등을 감정적 딜레마로 만들지 않은 것 말이다.

토마 마티외가 이 책을 쓰게 된 동기와 방법은 아주 간단명료하다. 저자는 길거리 괴롭힘에 대해 자신이 잘 몰랐다는 것을 인정했고, 이런 일에 대해 잘 아는 여자들의 경험을 전하기로 결정했다. 하지만 성별의 차이가 극단화된 사회일수록 여자의 몸으로 겪는 경험을 남자가 이해하기는 매우 어렵다. 남자 독자들이 이 상황에 감정이입을 하기 위해서는 동일시가 이루어져야 하는데, 남자 독자들은 여자 등장인물에게 좀처럼 동일시하지 못하는 경향이

있다. 이 문제를 어떻게 해결할 것
인가? 저자는 이 문제를 아주 간단하
게 해결했다. 가해자들의 얼굴을 인간의 얼굴이 아닌 것
으로 바꿔 감정이입의 경로를 차단하고자 한 것이다.
저자는 가해자들을 "악어"로 그렸다. 이 실험은 과연 성공
할 수 있을까? 저자의 이런 시도가 불편한 사람들도 있을
지 모르겠다. 하지만 저자가 가해자를 악어로 그리는 것이
아니라 피해자를 비롯하여 여러 사람들과 다양한 형태의
인간적인 관계를 맺고 있는 것을 보여주면 어땠을까? 아마 사람
들은 가해자의 심정에 훨씬 더 많이 감정적으로 동요했을 것이다.
이 책의 목표는 피해자에게 동일시하도록 하는 것이다. 혹은 그렇다면 피해자를 여자가 아니라 다
른 동물로 그렸으면 불편함이 덜어졌을까? 아니다. 저자는 목표의식을 잃지 않았다. 이 책은 여자들
이 길거리, 버스, 지하철, 수영장, 공원에서 어떤 일을 겪고 있는지 남자들이 알게 만드는 게 목표이므
로 피해자의 젠더를 드러내는 것은 매우 중요하다. 마지막으로 최근 성폭력 가해자를 병리화·괴물화
하며 화학적 거세, 전자발찌, 신상공개 등의 방법을 통해 사회로부터 격리시키는 방법이 점점 더 많이
등장하고 있는 상황에서 가해자의 얼굴을 악어로 묘사한 것은 괜찮을까? 혹 가해자의 괴물화에 일
조하는 것은 아닐까하는 우려도 있을 수 있다. 하지만 길거리 괴롭힘이라는 현상 자체가 매우 일상적
인 현실에서 가해자를 예외적인 괴물로 취급했다는 비판은 이 책에는 적절하지 않다.

저자가 요구하는 것은 피해자와 동일시해보라는 것이다. 이것은 우리 모두 스스로를 잠재적 피
해자로 생각해보라는 것과는 다르다. 미디어 심리학과 서사이론에 따르면 등장인물이 독자
와 유사하면 유사할수록 더 쉽게 동일시가 이루어지고 등장인물과 강하게 동일시할수록 더 강한 공
감이 가능해진다. 감정적 동일시로 강력하게 연결되어야 등장인물이 겪는 사건과 감정을 비로소 "목
격"할 수 있게 된다. 이 책처럼 사람들의 마음을 움직여 변화를 만들어내고자 하는 목적을 가지고 있
다면 이러한 감정적 동일시 체계를 만드는 건 더욱 중요한 일이다. 대중매체는 사람들의 일상적인 신
념을 구축하는데 매우 큰 영향을 미친다. 피해자에게도 가해자에게도 아무런 감정적 동일시가 이루
어지지 않는 상태를 우리를 보통 "방관자"라고 부른다. 방관자는 문제를 파악할 능력도 개입할 의지
도 없다. 그러나 목격자는 다르다. 목격자는 사건이 일어나고 있을 때 중단할 수도 있고, 나중에 증
인이 되어줄 수도 있다. 이 책은 독자들을 방관자가 아니라 목격자로서 일상을 다시 바라볼 수 있게
만든다. 누가 지금 괴롭힘을 당하고 있는지, 이 문제는 어떻게 해결해야 하는지, 내가 할 수 있는 일
이 무엇인지 등등 말이다. 남자라고 해서 반드시 악어에게 감정이입을 할 필요도, 여자라고 해서 피
해자에게만 감정이입을 할 필요는 없다. 작가는 악어보다는 여자에게 감정이입을 하는 게 그래도 같

은 인간이니까 더 쉬울 거라고 생각했을지도 모른다. 여자와 남자 이전에 우리는 같은 종(種)의 인류이다. 여자와 남자의 차이는 정도의 차이지 본질적 차이가 아니다. 하지만 여전히 쉽지 않을 것이다. 작가는 책에 등장하는 모든 인간을 여자로 그리긴 했다. "왜 남자를 악어로 그렸지!"라고 화가 나면 이것만 기억해주시기 바란다. 어쩌면 가장 중요한 사실은 이것일지도 모른다. 남자의 얼굴은 아직 그려지지 않았다. 당신은 무엇이든 될 수 있다. 악어는 남자인가 여자인가? 아무도 모른다. 어쩌면 여자의 얼굴 속에서 남자를 찾아볼 수 있을 지도 모른다. 오랫동안 여자들은 남자의 얼굴 속에서 자신의 흔적을 찾아왔다. 그러니 남자도 여자의 얼굴 속에서 자신의 얼굴을 찾지 못하란 법은 없지 않은가.

P.S. 마지막으로 길거리 괴롭힘을 멈추고 싶은 사람들에게 이 책의 부록을 주의 깊게 읽으라고 권하고 싶다. 나의 개인적인 경험과 자기방어훈련을 배우고 가르친 경험에 비추어보아도 이 책에서 제안하는 방법들 대부분은 매우 효과적이다. 말싸움에서 이기려고 하지 말고 내가 하고 싶은 말을 반복해서 얘기하고, 신체 언어를 명확하게 정돈하고, 상대방이 한 행동을 말로 그대로 묘사하는 등의 대응방안은 확실히 효과가 있다. 실제 상황에서 효과를 거두기 위해서는 반드시 시뮬레이션을 하면서 장면마다 구체적인 표정부터 목소리, 얼굴의 방향까지를 하나하나 몸에 익혀야 한다. 기회가 된다면 여성단체 등에서 주관한 자기방어훈련을 통해 혹은 혼자라도 이런 대응법에 대한 연습을 해볼 수 있을 것이다. 자기방어훈련은 더 강해지기 위해서 하는 훈련이 아니라 내 몸의 한계와 가능성을 알아가는 훈련이다. 본인의 신체가 어떤 조건에 있든 간에 자기만의 방법을 찾아볼 수 있다. 그러니 지금 시작해보라. 늦지 않았다.

덧붙이는 글

이 책을 통해 성폭력과 관련된 다양한 사례들을 모두 보여주는 데에는 한계가 있었습니다. 통계자료에 따르면, 12~35세 사이의 여성이 성폭력에 가장 많이 노출되어 있습니다. 하지만 그렇다고 해서 다른 연령대가 겪는 문제의 심각성을 무시할 수 없습니다. 또한, 통계적으로 (인종, 민족, 성 정체성에 관련하여) 소수집단이 상대적으로 성폭력을 더 많이 겪고 있었습니다. 저는 전해 들은 경험담을 최대한 다양하게 그림으로 옮기려고 노력했습니다. 하지만 경험담을 전해 듣는 방식의 불완전함과 과학적 분석의 부재로 말미암은 부족함을 이해해주시길 바랍니다.

대부분의 성폭력은 '남성→여성', '이성애자→성 소수자(LGBT)' 방향으로 일어납니다. 반면 이 책의 사례들과 비슷한 양상인데 다른 방향으로 발생하기도 합니다. 예를 들어 여성이 가해자가 되고 남성이 피해자가 되는 것입니다. 책에서 이러한 경우를 다루지 않은 것은 그것이 상대적으로 적은 비율을 차지하기 때문이 아닙니다. 이 책의 주제인 여성을 대상으로 벌어지는 공공장소에서의 성폭력이 '여성→남성'의 경우와 같은 문제의 범주 안에 있다고 볼 수 없기 때문입니다. 만약 남성이 피해자가 되는 성폭력 사례에 관심이 있다면 자료를 찾아보시길 권합니다. 하지만 이 경우를 악용하는 잘못된 남성주의자의 사이트는 피하도록 하세요.

18쪽   그 후 두 사람은 가장 친한 친구가 되었습니다.

25, 29쪽   저 상황에 독자 자신을 대입해 보길 바랍니다.

38쪽   성폭력 피해자가 자신을 더럽거나 부끄럽다고 느끼는 것을 묘사했습니다. 이것은 수많은 경험담을 읽을 때마다 피해자에게서 받은 인상입니다.

48쪽   〈르 몽드(Le Monde)〉*에서 본 통계를 그림으로 옮긴 것입니다. 이 통계는 저녁 지하철역에서 열 명 중 여덟 명은 남자임을 밝히고 있습니다.

83쪽   성폭력과 성차별 상황에서 나오는 고전적인 자기변호입니다. "그냥 농담이야."(혹은 "칭찬이었는데", "대시한 거였는데" …)

89쪽   물론 실제로 저 남성이 몰래 촬영한 후 인터넷을 사진을 올렸는지는 알 수 없습니다. 어쨌든 그러한 목적의 사이트들은 엄연히 존재합니다. 이 사이트들은 페미니스트의 고발과 투쟁으로 폐쇄되거나 처벌을 받기도 합니다. 하지만 곧 다른 이름을 달고 사이트를 재개하지요. 그림에서 책상 위에 놓인 타블로이드 신문인 영국 〈데일리 스포츠〉는 여성의 치마 밑을 찍은 사진을 표지로 만들었습니다. 도촬 문제와 파파라치 문화는 분명 밀접한 관계가 있습니다.

90쪽   많은 분이 이 이야기에서 노상 방뇨를 비난했습니다. 부연 설명을 하자면, 이 사건의 배경은 파리 센 강변에서 축제가 열리는 중이었고 이러한 때에는 남자고 여자고 간에 많은 사람

---

*르 몽드는 프랑스 일간신문이다.

이 길에서 소변을 봅니다. 따라서 이 여성의 행동은 사실 그렇게 비상식적인 것이 아닙니다!

96쪽 　이 이야기는 각각 다른 세 사람으로부터 받았습니다. 세 사람의 이야기는 세부 사항만 조금씩 다를 뿐, 인물에 대한 묘사와 장소, 행동 방식까지 똑같았습니다.

108쪽 　남자가 말한 이 연인의 '노출 취미'는 틀렸습니다. 이들은 사생활을 위해 충분히 멀리 떨어지고 외진 곳을 일부러 선택했습니다. 그리고 이 남자 때문에, 다시 더더욱 외진 곳으로 가야 했지요.

116쪽 　다른 이야기에 비해 다소 가볍게 느껴지는 이 경험담은 연인 사이의 불균형한 힘의 관계에 관한 것입니다. 하지만 여기서는 그 관계의 징후까지만 다뤘습니다.

120쪽 　이 경험담의 전체 이야기는 'www.polyvalence-mp.com'에서 볼 수 있습니다. 다음은 사연을 보낸 여성이 제게 남긴 메시지입니다. "친오빠가 이 사이트에 올린 글을 읽고 많은 것을 느꼈다고 해요. 제 이야기를 진지하게 받아들이기 시작하면서, 저의 페미니스트 활동에 대한 자신의 선입견을 재고해봤대요. 그리고 저와 페미니스트 활동을 지지한다고 말했어요. 단지 자신은 남성이라서 일상적으로 벌어지는 성폭력 때문에 겪는 여성의 고통을 상상해 볼 수조차 없었고 감정이입을 하기가 어려웠다고 고백했어요."

133쪽 　여기서 소개할 전략들은 이렌 자이링거의 저서 『아니라면 정말 아니다』를 참고했습니다. 이 책은 존(Zone) 출판사의 사이트에서 무료로 볼 수 있습니다. 꼭 읽어보실 것을 추천합니다.

150쪽 　이 페이지의 "밤에 여자 뒤에서 걷는 건 상대방을 불안하게 할 수 있어요. 특히 남자라면 말이죠. 이럴 땐 길을 건너서 반대편 인도로 가세요."라는 충고는 인터넷에서 논쟁을 불러일으켰습니다. 어떤 남성들은 아무런 잘못도 하지 않았는데 왜 그렇게까지 해야 하는지 이해하지 못했습니다. 그런 분들을 위해 예를 하나 들겠습니다(이 예를 통해 생각을 바꾸실 수 있다면 좋겠군요). 저는 공동주택에서 삽니다. 그리 크지 않은 건물이지만 거주자끼리 서로 다 알고 지내지는 않지요. 그런데 이곳에 종종 강도 사건이 일어났습니다. 그래서 저는 건물에서 이웃을 마주치면 인사한 다음, 자연스럽게 제 열쇠를 꺼냅니다. 이 건물에 살고 있음을 그리고 강도가 아니라는 것을 보여주기 위해서이죠. 제가 너무 민감하게 반응한 걸까요? 어쩌면요. 이렇게 행동해서 제가 모욕을 당한 걸까요? 아니면 제가 누군가에게 모욕을 준 걸까요? 둘 다 아닙니다. 단지 타인을 안심시키려는 작은 노력을 했을 뿐이지요. 왜냐하면, 저는 상대의 처지에서 생각해봤기 때문입니다.

153쪽 　'길거리 성폭력 중단'과 '홀라백'의 사이트에서 더 많은 정보를 찾아볼 수 있습니다. 특히 통계자료가 풍부하고, 공공장소 성폭력에서 흔히 드러나는 '믿음'("이건 칭찬이야.", "여자는 이런 걸 좋아해.", "이민자라서 문화 차이를 이해 못 해." 등)을 파괴하기와 관련한 내용이 훌륭합니다. '홀라백' 사이트의 '남성과의 동맹(Allié Masculin)'이라는 부분에서는 대시와 성폭력의 차이, 할 수 있는 말과 해서는 안 되는 말 등을 잘 설명하고 있습니다.

178쪽 　저는 이 페이지에서 문제를 바라보는 긍정적인 시선을 그리고 싶었습니다. 물론 문제의 해결은 그리 간단하지 않음을 잘 압니다. 또한, 개인의 문제이기보다 사회적 문제라는 것도요. 그렇다고 해도 우리 스스로 무언가를 해야 하지 않을까요.

이해와 통합을 위한
새로운 페미니즘

2014년 11월 25일 프랑스의 남부도시 툴루즈에서 개최하는 '세계 여성 폭력 추방의 날'을 위한 전시회에 작품 『악어 프로젝트』가 초청되었다가 전시를 얼마 남기지 않고 취소당한 사건이 일어났다. 중도우파 성향의 대중운동연합(Union pour un Mouvement Populaire, UMP) 소속의 한 여성 의원이 이 작품을 읽다가 '저속하고', '비도덕적'이란 판단을 내려 문제를 삼았던 게 계기가 된 것이다. 결국 대중운동연합 소속인 툴루즈 시장은 이 의견을 받아들여 전시 취소를 강행하고 만다. 이후 좌파정당 사회당이 이 사건을 '검열'이라며 강하게 비판하고 항의했다. 결국 이를 둘러싼 논쟁이 거세지자 〈르 몽드〉 및 〈르 피가로(Le Figaro)〉와 같은 주요 프랑스 언론에서는 이 사건과 작품을 대대적으로 보도하게 된다.

그렇다면 자문해보지 않을 수 없겠다. 여성들의 실제 경험담을 토대로 한 『악어 프로젝트』는 여성 의원의 말대로 저속하고 비도덕적인 작품인가? 작가 토마 마티외는 실제 상황 속에서 오가는 욕설이나 저속한 표현들을 거르지 않고 그대로 만화에 표현했다. 사실 우리가 이 작품을 접하고 놀라는 이유는 만화가 저속하기 때문이 아니라, 많은 여성들이 현실에서 저속하고 거칠며 거부감을 주는 상황에 끊임없이 노출되고 있음을 느끼기 때문일지도 모른다. 진실로 문제 삼아야 할 것은 작품 자체의 비도덕성과 저속함이 아니라, 현실이 작품보다 더욱 비도덕적이며 저속하다는 사실일 텐데 말이다.

이 지점에서 다른 질문이 나올 수도 있겠다. 그렇다면 만화가 현실을 과장했을 가능성은? 나의 경험에 비추어 보면 전혀 과장이 아니라고 단언할 수 있다. 나는 한국에서 겪었던 성희롱 혹은 성추행 경험을 프랑스에서도 전부 똑같이 겪었다. 예컨대 버스나 지하철 등 공공장소에서의 은밀한 터치나 처음 보는 남자의 성적인 구애, 성기 노출 따위의 불쾌한 일들 전반을. 특히 유학 초반 몇 해 동안은 아시아 여성들만 노리는 남성들의 집중 표적 대상이 되었다. 나는 많은 여성들이 그러하듯 나의 처신의 문제를 고민하기도 했고, 자칫 사회적 약자로 취급될 수 있는 유학생이라는 신분이 원인일까 하는 의구심에 사로잡히기도 했다. 하지만 이 책을 접하면서 나는 그런 고민이 나 혼자만의 것이 아닌 국적이나 인종을 넘어선 여성 전체의 문제임을 알게 되었다. 또한, 다른 여성들도 나처럼 때로는 무기력하게 당하거나 회피하기도 하지만 가끔은 용맹하게 맞서기도 한다는 사실도 알았다.

작품을 번역하면서 주변 여자 친구들에게 이 책에 대한 이야기를 꺼낸 적이 있다. 놀랍게도 많은 친구들이 이미 책을 읽었거나 알고 있었다. 더불어 나와 비슷한 경험을 한 친구들도 많았다. 모두들 크든 작든 성희롱과 성폭력을 겪었으며, 자의든 타의든 그 사실을 무의식으로 덮어두고 있었다. 왜냐하면 그런 폭력을 제재할 사회적 보호망도 튼튼하지 않거니와 너무도 일상적으로 겪어 왔던 것이어서 자신들조차 심상한 사건으로 치부하고 말았던 것이다.

이런 의미에서 이 책은 공공장소에서의 성폭력이나 성희롱에 대한 사건 자체를 세상 밖으로 드러 냈다는 데에 의미와 가치가 있겠다. 이 주제를 입 밖으로 꺼내 서로 이야기하고 토론해 볼 수 있는 상황을 만드는 것 자체로 값진 것이다. 상대적으로 한국보다 성에 관대하다는 프랑스라고 해서 여성 들이 성폭력에 덜 노출되거나 덜 민감한 것은 아니다. 오랫동안 형성된 사회적 분위기와 사회구조 때 문에 일상적인 성차별과 성폭력이 만연해 있다. 그것은 한국과 다름없이 생활의 한 부분이자 참고 견 뎌야 할 일상이 된 것이다.

이 작품이 전시에서 추방된 사건에 대해 대중의 반응은 어땠을까? 기사의 댓글들에서는 두 정당의 대립이나 만화의 '저속성'에 대해 거론하기 보다는 작품에서 모든 남자들이 악어로 그려졌다는 것에 대해 민감하게 반응했다. 이는 모든 남성을 포식자로 설정했다는 점에 대해 거세게 반발하는 것이다.

실제로 주변의 남성들과도 이 책에 대해 이야기해 보았다. 그들은 작품의 주제와 이야기에는 동의 하고 공감하지만 모든 남성을 악어로 그린 점에 대해선 불편함을 느꼈다. 작가 또한 남성을 악어로 그리기로 했을 때 많은 고민을 했으며 독자들의 반응을 충분히 예상했음을 여러 텍스트에서 밝힌 바 있다. 그럼에도 사람들의 반발이 불 보듯 뻔한 선택을 할 수 밖에 없었던 이유는 무엇일까? 사실 작 가의 목적은 분명하다. 오직 여성의 입장이나 관점에서 여성이 처한 현실을 그리고자 했고 또 그 현 실을 함께 느껴보고 싶었던 것이다. 남성은 자신은 알 수 없었던 여성들의 일상을 느껴보고, 여성들 은 자기도 모르게 덮어 놓았던 사실들을 새롭게 인식해 볼 수 있는 계기를 만들고 싶었던 것이다. 남 성들은 작품에 나온 것과 비슷한 상황에 처한다면 그것이 어떤 상황인지 분명히 알 수 있을 것이고 여성을 돕거나 다른 행동을 취할 수도 있을 것이다. 여성도 자신이 어떤 상황에 처했으면 어떻게 하 는 것이 현명한 행동인지를 먼저 생각해보고 준비할 수 있을 것이다. 때문에 작가가 성폭력에 어떻게 대응해야 하는지에 관해 많은 지면을 할애한 것은 작품을 그린 진짜 목적에 잘 부합한다고 볼 수 있 다. 작가는 여성이 성희롱과 성폭력에 제대로 대처하기를 바랐다. 또한 남성과 여성의 분리를 주장하 는 것이 아니라 이해를 통한 화해를 바랐다고 할 수 있다.

한편 이 책은 아직 한국에서는 보기 힘든, 성소수자들에 대한 성폭력도 다루고 있다. 자신들이 레 즈비언임을 공공장소에서 숨기지 않는 커플들이 겪는 성폭력은, 그것마저 숨겨야하는 한국의 상황 과는 많이 다른 것이다. 하지만 그렇기 때문에 더욱 은밀하고, 폭력적으로 행해지는 성소수자에 대한 차별과 공격은 더욱 고통스러울 수 있다. 또한 흥미로운 점은, 몸이 불편한 노인이나 장애인 등의 사 회적 약자가 가해인인 경우도 소개되고 있다는 것이다. 작가가 성폭력 사례들을 최대한 다양하게 소 개하고자 노력했음을 알 수 있다. 또 이 작품은 수영장, 바, 관광명소, 길거리, 학교, 집, 슈퍼마켓 등 다양한 도시 공간 속 사례들을 보여주고 있다. 예를 들어 파리 지하철에서 일어난 사례에서 그 역 이 름이 정확히 명시되어 있는데 이는 보는 사람으로 하여금 '저 구역에선 저런 일이 있을 만도 하지' 라 는 공감을 끌어낸다. 사회적 공간의 경계에서 벌어지는 서로 다른 사례들은 인종, 사회적 위치, 나이,

장소와 성폭력 사이의 연관성에 대해 고민해보게끔 한다.

이 책이 독자가 현실에 대해 분개하거나 적대적이게 만들고 다른 성별을 공격하게 한다고 생각하지 말자. 작가가 원하는 것은 그것이 아니다. 스스로를 약자로 생각하고 움츠려들거나, 세상에 대해 부정적인 감정을 갖고 어둠 속으로 들어가는 것은 작가의 의도가 아니다. 오히려 이 책을 통해서 우리는 머릿속 악어의 이미지를 지울 수 있을 것이다. 그리고 우리가 겪는 현실과 내면을 숨김없이 드러내고, 함께 이야기하고, 자신과 타인의 권리가 무엇인지 적극적으로 알려고 하는 노력을 통해서 앞으로 나아갈 수 있을 것이다. 나와 타인과 세상 사이의 분리야말로 어둠의 근원이라는 것을 이해할 때 우리에게 힘이 생길 것이다. 그러므로 이 책은 적대에 대한 이야기가 아니라 통합에 대한 이야기라고 할 수 있겠다.

맹슬기

글 · 그림 토마 마티외 (Thomas Mathieu)

실험적이고 도전적인 주제 선택과 표현 방식이 돋보이는 프랑스의 만화가. 브뤼셀의 생뤽예술학교에서 만화를 전공하고,
주로 솔직하고 과감한 표현 방식이 돋보이는 작품을 발표해왔다. 여성이 일상적으로 겪는 성폭력과 성차별을 그린
『악어 프로젝트』는 가감 없는 묘사와 생생한 현실 고발로 프랑스 정치인들과 주요 언론의 주목을 받았다.
블로그와 텀블러에서 다양한 실험을 계속하고 있으며, 책이 출간된 이후에도 『악어 프로젝트』 연재를 이어가고 있다.
『사랑스러운 적과의 동침(Intinimitié Amoureuse)』, 『타인들(Les Autres Gens)』 등의 작품을 발표했고,
'EspritBD'의 'digiteam'이나 토마 카덴느의 웹툰 'Les Autres Gens', 인터넷 신문 'Mauvais Esprit' 등
다양한 프로젝트에 참여했다.

옮김 맹슬기

좋은 만화책을 소개하려는 번역가들이 모인 '해바라기 프로젝트'에서 『신신』, 『68년 5월 혁명』, 『굿모닝 예루살렘』,
『체르노빌의 봄』, 『어느 아나키스트의 고백』, 『알퐁스의 사랑 여행』, 『만화로 보는 기후변화의 거의 모든 것』 등을 번역했다.
지금은 프랑스 베르사유에 있는 보자르 시립미술학교에서 예술제본을 공부하고 있다.

그래픽 로직 005

악어 프로젝트
: 남자들만 모르는 성폭력과 새로운 페미니즘

초판 1쇄 발행 2016년 6월 1일
초판 12쇄 발행 2020년 10월 12일

글·그림 토마 마티외
옮긴이 맹슬기
펴낸이 윤미정

펴낸곳 푸른지식 | 출판등록 제2011-000056호 2010년 3월 10일
주소 서울특별시 마포구 월드컵북로20 삼호빌딩 303호
전화 02)312-2656 | 팩스 02)312-2654
이메일 dreams@greenknowledge.co.kr
블로그 blog.naver.com/greenknow

ISBN 978-89-98282-75-2 03330

이 책의 한국어판 저작권은 Icarias Agency를 통해 Mediatoon Licensing과 독점 계약한 푸른지식에 있습니다.

이 도서의 국립중앙도서관 출판시도서목록(CIP)은
서지정보유통지원시스템 홈페이지(http://seoji.nl.go.kr)와 국가자료공동목록시스템(http://www.nl.go.kr/kolisnet)에서 이용하실 수 있습니다.
(CIP제어번호: CIP2016012020)

잘못된 책은 바꾸어 드립니다.
책값은 뒤표지에 있습니다.

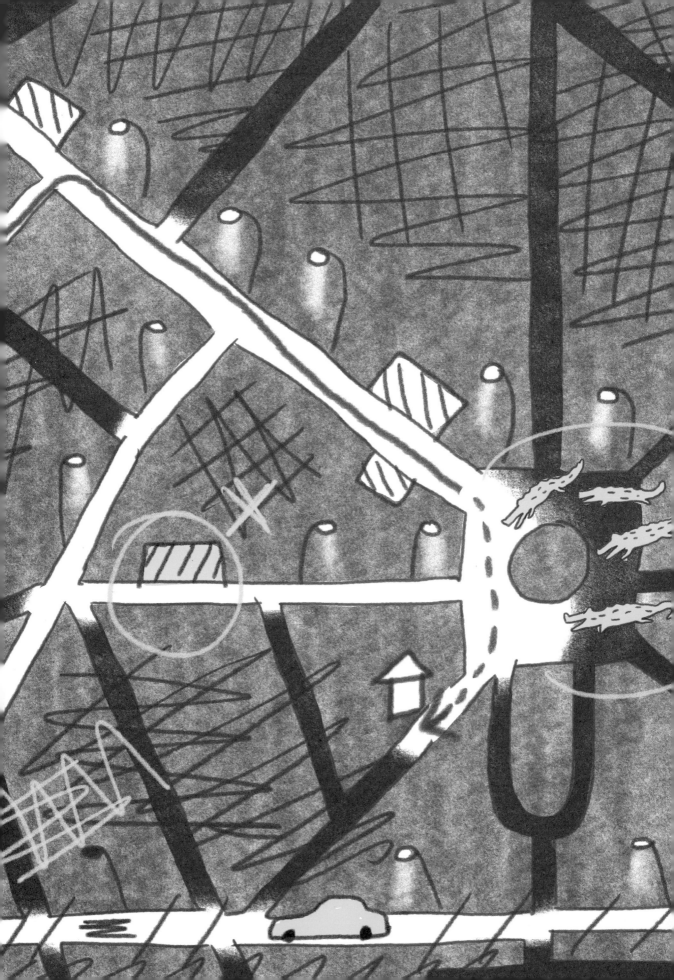